Helga Anton
Nicht verzweifeln – beten!

Helga Anton

Nicht verzweifeln – beten!

Brunnen Verlag · Basel und Gießen

ABCteam-Bücher erscheinen in folgenden
Verlagen:

Aussaat Verlag Neukirchen-Vluyn
R. Brockhaus Verlag Wuppertal
Brunnen Verlag Basel und Gießen
Christliches Verlagshaus Stuttgart
Oncken Verlag Wuppertal und Kassel

**Bibliografische Information
Der Deutschen Bibliothek**
Die Deutsche Bibliothek verzeichnet diese
Publikation in der Deutschen Nationalbibliografie;
detaillierte bibliografische Daten sind im Internet
über http://dnb.ddb.de abrufbar.

Die Bibelstellen sind der Lutherbibel 1999
(mit neuer deutscher Rechtschreibung)
entnommen.

© 2003 by Brunnen Verlag Basel

Umschlag: Michael Basler, Lörrach
Foto Umschlag: Gettyimages, München
Satz: Bertschi & Messmer AG, Basel
Druck: Ebner & Spiegel, Ulm
Printed in Germany

ISBN 3-7655-3752-7

Inhalt

1. Jesus heilt familiäre Beziehungen

Eines Tages kam Ina zu mir. Sie war völlig verzweifelt. Ihre Ehe war dabei, zu zerbrechen. Sie hatte sehr jung geheiratet und war anfangs voller Idealismus gewesen: «Wir werden es schon schaffen.» Und sie krempelte die Ärmel hoch ...

Ina war für alles verantwortlich. Sehr schnell kamen dann die Kinder, die die junge Mutter beinahe völlig in Anspruch nahmen. Doch gleichzeitig war sie für die Finanzen verantwortlich, und als ein Hausbau geplant wurde, übernahm sie natürlich alle Behördengänge und die nötigen Verhandlungen mit den verschiedenen Firmen. Und wenn etwas schief lief, dann war sie natürlich auch der Sündenbock. Es gab oft Streit zwischen den Eheleuten. Ihr Mann hatte sie damals ziemlich allein gelassen in allen Nöten. Er war lieber in die Kneipe gegangen, wo er mit seinen Kollegen unter Alkoholeinfluss laute, mehr oder minder sinnvolle Gespräche führte. Danach kam er meist reichlich betrunken nach Hause. «Ist das wirklich die Erfüllung des Traums von einer glücklichen Ehe?» fragte sich Ina.

War das der Sinn ihres Lebens? Als ihr Mann eines Tages in betrunkenem Zustand mit dem Auto einen Unfall hatte, so dass er seinen Führerschein abgeben musste, fuhr sie ihn monatelang morgens zur Arbeit und holte ihn abends wieder ab. All diese Probleme erdrückten sie fast. Am liebsten hätte sie ihre Kinder genommen und wäre weggelaufen. Außerdem war da noch ein naher Verwandter, der sie immer wieder durch Bevormundungen und andere Dinge unterdrückt hatte und sie beeinflussen wollte. Sie war voller Hass gegen ihn und konnte ihn nicht mehr ertragen.

Sie war völlig aufgelöst.

In dieser Verfassung bekam sie eines Tages die Einladung, einen Gottesdienst zu besuchen. Aber sie reagierte gleich abwehrend:

«Ich muss erst einmal meinen Mann fragen.»

Aber da schoss ihr der Gedanke durch den Kopf: «Wieso muss ich eigentlich meinen Mann fragen? Bin ich nicht mein eigener Herr? Kann ich nicht selbst bestimmen, ob ich in den Gottesdienst gehe oder nicht?»

Also machte sie sich auf und besuchte den Gottesdienst. Sie hörte dort eine Predigt, die anscheinend genau für sie bestimmt war. Jedes Wort traf sie ins Herz. Es ging nämlich um Vergebung. Von da an ging sie regelmäßig in den Gottesdienst. Als nach einigen Monaten in der Gemeinde ein Glaubensgrundkurs angeboten wurde, meldete sie sich dazu an. So weit war sie nämlich schon, dass sie erkannt hatte, dass ihr bei all ihren Problemen nur einer helfen kann: Jesus. Sie wollte immer mehr über ihn erfahren. Sie besuchte regelmäßig den Kurs und auch die Gottesdienste, während ihr Mann manchmal das Essen vorbereitete – doch anschließend ging er zum Frühschoppen ins Wirtshaus. Dort fand er «liebe» Mitmenschen, denen längst aufgefallen war, dass seine Frau in die Versammlungen ging, und die ihn damit aufstachelten.

«Pass du bloß auf deine Frau auf! Weißt du, wo die gelandet ist? Vielleicht ist das sogar eine Sekte? Das ist doch alles sehr dubios und undurchsichtig. Niemand weiß genau, was dahinter steckt.»

Viele Leute meinten, ihm gute Ratschläge geben zu müssen.

Entsprechend aufgebracht und wieder betrunken kam er nach Hause. Natürlich waren damit zwischen den beiden furchtbare Auseinandersetzungen vorprogrammiert. Ina war mit ihrer Kraft fast am Ende. Sie war schon bei einer Eheberatung gewesen, doch da hatte man ihr gleich geraten: «Lassen Sie sich scheiden, Ihre Ehe ist doch nicht mehr zu retten.»

Aber genau das wollte sie nicht. «Wenn das mein Wunsch wäre, dann würde ich doch nicht hier sitzen», hatte sie geantwortet und war gegangen.

Danach ging Ina zu einem seelsorgerlichen Gespräch und zum Gebet. Sie schüttete dabei ihr ganzes Herz aus. Alle Probleme, die Sorgen, ihr ganzes Leid über die furchtbare innere Entfernung von ihrem Mann, alles brachte sie vor Jesus, denn sie hatte keine Hoffnung mehr für ihre Zukunft.

So kämpfte sie weiter. Doch das Ehepaar lebte sich immer mehr auseinander.

Und jetzt saß sie mir gegenüber: «Was soll ich denn noch tun? Ich habe ihm doch wirklich alles abgenommen. Alle finanziellen Probleme, die Behördengänge, die Planungen, die Kindererziehung. Das alles muss ich alleine regeln», sagte sie ziemlich verzweifelt.

«Und warum fragen Sie Ihren Mann nicht um Rat? Beziehen Sie ihn doch in alles mit ein», riet ich ihr. «Ein Mann will gefragt werden, und die Probleme müssen gemeinsam getragen werden. Stellen Sie sich also nicht über Ihren Mann, sondern neben ihn. Suchen Sie das Gespräch, damit Ihre Ehe wieder ein Miteinander wird. Signalisieren Sie ihm, dass Sie ihn brauchen, und vergeben Sie ihm. Fangen Sie ganz neu an.»

Und wieder traf sie das Wort «Vergeben» sehr hart, wie auch damals bei der Predigt im Gottesdienst, so dass der Hass gegen den nahen Verwandten, der sie immer noch so sehr quälte, wieder neu aufflammte.

«Sehen Sie, Jesus hat uns doch auch alle Schuld vergeben», versuchte ich sie zu besänftigen. «Und wir dürfen ihm täglich bringen, was uns belastet. Er vergibt uns immer wieder aufs Neue. Allerdings steht in Matthäus 6,14 und 15: ‹Denn wenn ihr den Menschen ihre Verfehlungen vergebt, so wird euch euer himmlischer Vater auch vergeben. Wenn ihr aber den Menschen nicht vergebt, so wird euch euer Vater eure Verfehlungen auch nicht vergeben.› Sie sehen also, Gottes Wort sagt ganz klar: Wenn wir vergeben, wird uns auch vergeben werden, wenn wir aber nicht vergeben, wird uns auch nicht vergeben werden. Und Sie wollen doch frei werden. Bitte lassen Sie endlich alle furchtbaren Erlebnisse hinter sich.»

«Ich weiß», sagte sie. «Ich soll vergeben. Ich kann auch vergeben. Aber will ich vergeben?

Nein, nein, auf keinen Fall! Das alles war zu schwer», brach es aus ihr hervor. Sie war nicht zur Vergebung bereit. Also konnten wir Jesus im Gebet nur bitten, sie zu verändern, sie in die Buße hineinzuführen, damit ihr endlich geholfen würde. Drei Tage und drei Nächte dauerte der Kampf. Dann kam sie – innerlich völlig zerschlagen – erneut zu mir.

«So kann ich nicht weiterleben. Ja, ich habe es erkannt, ich will vergeben.»

Und Ina breitete vor Jesus all ihre Verletzungen aus, all ihre Enttäuschungen. Wir baten den Herrn, die Erinnerung an all das Böse jetzt wirklich wegzunehmen, ihre Gedanken und ihr Herz wieder ganz frei zu machen. Es war tief bewegend, wie sie endlich die Vergangenheit hinter sich ließ und bereit war, völlig neu anzufangen.

Ja, die Vergebung ist so tiefgreifend, dass Ina es nicht ertragen kann, wenn jetzt noch jemand etwas Negatives über die Person sagt, die sie vorher so sehr hasste. Was wir da erlebt haben, ist das wirkliche Wunder einer Heilung.

Es kam der letzte Tag des Glaubensgrundkurses. In einem festlichen Gottesdienst hatten die Teilnehmer Gelegenheit, ihr Leben Jesus zu übergeben. Anschließend sollte es bei einem guten Essen ein fröhliches Miteinander geben. Doch es war, als hätten sich gerade an diesem Tag alle feindlichen Mächte gegen Ina verschworen. Als sollte verhindert werden, dass sie ihr Leben Jesus anvertraute.

Doch allen Widerständen zum Trotz kam sie und nahm Jesus als ihren Herrn an.

Es war ein wunderschönes Fest, und als sie spätabends nach Hause kam, wurde sie sogar von ihrem Mann und ihrem Sohn erwartet, die voller Neugierde hören wollten, was geschehen war, und sie sehr freundlich begrüßten. Aber dieser scheinbare Friede hielt nicht lange an. Je mehr das neue Leben mit Jesus Ina auszufüllen begann, desto aggressiver wurde ihr Mann, und desto heftiger wurden die Auseinandersetzungen. Ina kam manchmal völlig verzweifelt zum Beten zu mir, und ich konnte ihr nur raten:

«Sie brauchen sich vor Ihrem Mann nicht zu rechtfertigen. Jesus hat sich auch nicht gerechtfertigt, als er zu Unrecht beschuldigt wurde. Seien Sie doch klug. Anstatt Ihren Mann herunterzuputzen, schweigen Sie lieber, beten Sie still zu Gott und legen Jesu Liebe und Segen auf Ihren Mann. Dadurch hat Jesus schon manchen Menschen verändert, ohne dass es demjenigen bewusst wurde.»

«Ich will es versuchen», sagte sie und befolgte diesen Ratschlag. Und sie betete still – egal, wie und wann ihr Mann sie auch angriff. Ob er nun nüchtern das Gespräch suchte oder unter Alkoholeinfluss. Sie schwieg und betete. Doch genau das brachte ihren Mann zur Weißglut. Er schrie sie an: «Ich werde alles tun, was in meiner Macht steht, um zu versuchen, dich da wegzubringen. Koste es mich, was es wolle. Aber ich fürchte, dazu ist es schon zu spät», fügte er dann resigniert hinzu. Und wie Recht er damit hatte.

Zwei Jahre lang ging das so. Es war eine schreckliche Zeit. Das Ehepaar lebte sich immer weiter auseinander. Wir alle beteten für Inas Mann Jens, dass auch er endlich zu Gott finden möge. Dann geschah ein wahres Wunder. Die Lobpreislieder, die das Haus manchmal erfüllten, sei es durch Kassetten, sei es durch Inas Gesang, fand er sehr schön. Sie sprachen ihn an, denn er war selbst ein begeisterter Sänger.

So beschloss er eines Tages: «Ich werde mit zu einer Probe des Lobpreis-Teams gehen. Ich will doch mal sehen, ob es mir gefällt.»

Er kam und stellte fest, dass wir Christen ganz normale Menschen sind und keine «Oberchristen» – wie er uns immer bezeichnet hatte. Nein, wir nahmen ihn in Jesu Liebe gleich an, so dass er bei den Proben der Lobpreis-Gruppe regelmäßig mit großer Freude teilnahm.

Irgendwann, nach längerer Zeit, erschien er an einem Sonntagmorgen gemeinsam mit seiner Frau zum Gottesdienst, um auch dort in unserem Lob-preis-Team mitzusingen. Wir waren überrascht, froh und dankbar und beteten still zu Jesus, dass die Predigt den Mann doch sehr ansprechen möge. Und sie traf ihn wie ein Hammer. Als er mit seiner Frau nach Hause fuhr, sah sie mit Erschrecken, dass er total versteinert neben ihr im Auto saß. Sein Gesicht war wutverzerrt, und er sprach kein Wort mit ihr. Sie aber hütete sich, ihn anzuspre-chen. Doch plötzlich brach es aus ihm heraus.

«Das kann ich dir sagen, das war das erste und letzte Mal, dass ich mit in den Gottesdienst gegan-gen bin. Es ist ja unmöglich, was da abgelaufen ist.»

Ina wusste gar nicht, was er meinte. Dann aber ging er ins Detail und erklärte:

«Ich bin mir ganz sicher, dass entweder deine Helga oder du den Pastor bestochen haben, die Predigt so zu wählen, dass sie mich schockt. Jedes Wort war genau für mich bestimmt. Woher hätte der Pastor sonst all meine Schwächen kennen können? Das habt ihr doch vorher ganz genau mit ihm abge-sprochen. Davon lass ich mich nicht abbringen.»

Ina verschlug es fast die Sprache. Doch nach kurzer Überlegung sagte sie zu ihm:

«Lieber Jens, glaubst du allen Ernstes, dass sich ein Pastor bestechen lässt? Und außerdem: Woher sollte er denn wissen, dass du gerade heute diesen Gottesdienst besuchen würdest? Weder Helga noch ich würden jemals zu einem Pastor gehen, um ihm zu sagen, worüber er zu predigen hätte. Das traust du uns ja wohl nicht zu. Abgesehen davon, kein Pastor würde so etwas tun.»

Jens sah ein, dass Ina Recht hatte, und er ging in sich. Und dann kam die große Wende. Nach reichlicher Überlegung erkannte er nämlich, dass wirklich jedes Wort für ihn bestimmt gewesen war, weil alles genau seine Situation widerspiegelte: bei jeder Party bis zur letzten Minute dabei sein müssen, Alkohol ohne Ende, keine Verantwortung übernehmen wollen und dazu noch starker Raucher sein. All diese Punkte waren in der Predigt angesprochen worden. Dies hatte ihn bis ins Herz getroffen. Er sah ein, dass nicht eine von uns, sondern Gott durch den Pastor zu ihm geredet hatte. Also kam er wieder in den Gottesdienst, und dann geschah das zweite Wunder. Während einer Probe des Lobpreis-Teams übergab Jens dann ganz spontan sein Leben dem Herrn, indem er betete:

«Herr Jesus Christus, ich habe erkannt, dass ich ein Sünder bin. Ich bitte dich, vergib mir meine Schuld. Ich gebe dir mein Leben und möchte, dass du in Zukunft mein Herr bist. Ich vertraue dir bedingungslos und danke dir für deine Erlösung.»

Ina und ich konnten nur staunen, welche Veränderungen in seinem Leben geschahen. Jens geht nicht mehr ins Wirtshaus, um sich voll laufen zu lassen. Er kommt regelmäßig in den Gottesdienst und in unsere Weggemeinschaft (so nennen wir unsere Hauskreise). Ja, er bezeugt mit großer Freude Jesus vor seinen Kollegen und wo immer er Gelegenheit dazu hat. Auch das Rauchen hat er längst aufgegeben, und er fühlt sich sehr wohl dabei. Die Ehe ist heil geworden. Ja, nicht nur das, sie ist ausgesprochen glücklich. Ihre Silberhochzeit haben die beiden in großer Freude und Dankbarkeit gegenüber Gott fröhlich gefeiert. Ina und Jens sind ein lebendiges Zeugnis für das neue Leben mit und in Jesus. Dafür sind sie selbst und wir alle unendlich dankbar.

Ja, so wunderbar sind die Wege unseres Herrn. Wir müssen nur lernen, in Geduld auf sein Eingreifen zu warten. Ich weiß, es fällt uns manchmal sehr, sehr schwer und veranlasste einen Pastor anlässlich eines seelsorgerlichen Vortrags sogar zu dem Gebet:

«Ach Herr, gib uns Geduld, aber bitte sofort!»

Seien wir doch ehrlich: Was nützt uns denn Ungeduld? Wir können weder die Umstände noch die Menschen verändern. Wenn wir das wissen und darauf vertrauen, dass Jesus den Weg jedes Einzelnen längst vor sich hat, so sollte diese Gewissheit uns etwas lehren: nämlich zu warten, bis er die Zeit für gekommen hält, um einzugreifen.

Eines Tages kam Frau O. zu mir.

«Bitte, Frau Anton, beten Sie für mich, ich bin völlig verunsichert. Ich weiß nicht, ob ich wirklich errettet bin und noch die Heilsgewissheit habe.»

«Aber warum denn?» fragte ich zurück, «haben Sie Jesus Christus Ihr Leben anvertraut?»

«Sicher», sagte die Frau, «und nicht nur ich, auch mein Mann und unsere fünf Kinder. Jesus Christus ist der Herr in unserer Familie. Wir haben so viel Grund zu danken. Es geht uns gut, unser Familienleben ist ganz in Ordnung. Wir sind alle sehr glücklich. Unsere fünf Kinder sind wohlerzogen und gesund und leben alle mit dem Herrn. Mein Mann steht in einer sicheren beruflichen Position. Wir haben wirklich nur Grund zu danken. Doch eine befreundete Familie setzt uns sehr zu. Sie macht uns doch tatsächlich den Vorwurf, es sei unverantwortlich, in der heutigen Zeit fünf Kinder in die Welt zu setzen. Aber nicht nur das, sie sagt, es sei Sünde vor Gott. Ich weiß natürlich, Sünde trennt uns von Gott. Das ist meine Angst. Bin ich also schuldig vor ihm und habe damit meine Errettung aufs Spiel gesetzt? Bin ich jetzt verloren? Bitte beten Sie für mich.»

Sie war völlig verzweifelt und verunsichert.

Ich aber war empört und sagte es ihr auch.

«Hören Sie bitte nicht auf solche Menschen. Es ist doch unverantwortlich, unsere Nächsten in dieser Weise zu verurteilen und zu verunsichern. Was sagt uns denn Gottes Wort zu diesem Punkt? Im Psalm 127,3 steht doch: ‹Kinder sind eine Gabe des Herrn und Leibesfrucht ist ein Geschenk.› Das ist die Wahrheit. Gott hat Ihre Kinder gewollt. Und Jesus hat sie unendlich lieb und sagt Ja zu ihnen. Er hat Sie so reich gesegnet. Da kann man wirklich nur immer danken. Lassen Sie los, was man Ihnen da einreden will.»

Wir beteten und konnten unseren großen Gott nur loben und preisen, dass diese Familie so unter seinem Segen steht. Frau O. aber war befreit von ihrem Zweifel und sehr gestärkt.

Ja, so ist unser Herr. Er wartet doch nur darauf, dass wir zu ihm kommen und ihn anrufen. Zu ihm dürfen wir mit unseren großen und kleinen Nöten kommen. Er weiß immer Rat, weil ihm nichts unbekannt ist.

∾

So fragte sich ein besorgtes Elternpaar schon seit längerer Zeit: «Was ist nur mit unserem Kind los? Machen wir möglicherweise etwas falsch?» Ihr kleiner Sohn Lars hatte während der eineinhalb Jahre seines Lebens noch keine einzige Nacht durchgeschlafen. In jeder Nacht schreckte das Kind mehrfach nach wenigen Stunden der Ruhe aus dem Schlaf hoch und schrie wie am Spieß, so dass natürlich die ganze Familie keine Erholung fand. Das konnte doch nicht so weitergehen. Zumal Frau W. jetzt im Krankenhaus lag und gerade eine gesunde Tochter zur Welt gebracht hatte.

Da kam Herr W. mit dem kleinen Lars zum Beten, weil die Familie von Jesus Hilfe erhoffte.

Doch als der Kleine mich nur sah, fing er wieder an zu weinen. Er klammerte sich mit beiden Händchen an der Brust seines Vaters fest und versuchte, sein Köpfchen an dessen Hals vor meinen Blicken zu verstecken. Nein, mit dieser fremden Frau wollte er nichts zu tun haben.

Und das, obgleich ich wirklich ganz liebevoll und vorsichtig versucht hatte, mich ihm zu nähern. Unentwegt schrie er weiter, während der

Vater mir von den nächtlichen Störungen berichtete. Er erzählte so ganz nebenbei:

«Eigentlich hätte Lars ein Zwilling sein sollen, doch leider ist der andere Embryo schon nach sechs Wochen abgestorben. Aber dem Herrn sei Dank, unser Lars ist ein ganz gesundes Kind und hat keinen Schaden erlitten.»

Während des Gesprächs hatte der Kleine manchmal sein Köpfchen aus seinem Versteck an der Schulter seines Vaters gehoben, aber wenn er merkte, dass ich immer noch da war, weinte er wieder um so lauter und kuschelte sich schnell wieder in die Schulter seines Vaters hinein. Da war nichts zu machen. Der Kleine war völlig auf Abwehr eingestellt. Auf meine Frage, ob das Kind richtig und genug zu Abend isst, bevor es schlafen gelegt wird, antwortete der Vater: «Ja, wenn er mag.»

«Oh», reagierte ich, «da würde ich aber konsequenter sein. Ein Kind braucht sein normales Abendessen, bevor es ins Bett gebracht wird. Es braucht dreierlei: Ruhe, Reinlichkeit und Regelmäßigkeit. Und es muss lernen, dass es in der Nacht nicht immer gleich gefüttert wird, wenn es schreit. Sonst ist der kleine Magen leicht überbelastet. Das quält das Kind und verursacht Schmerzen, so dass es wieder zu schreien anfängt. Bitte reagieren Sie nicht auf jedes Schreien des Kindes, sonst lernt es nie, dass in der Nacht Ruhe sein muss.»

Das fand der junge Vater interessant. «Ja, das muss ich meiner Frau erzählen, wir werden es so machen.»

«Vielleicht könnte dies ein Grund gewesen sein. Aber kommen Sie, lassen Sie uns beten», meinte ich. «Jesus allein weiß, was Ihrem Kleinen fehlt, warum er immer wieder Angstzustände hat. Er schaut ins Verborgene und wird helfen.»

Und wir baten Jesus, die Angst von dem Kleinen zu nehmen und ihn mit Ruhe und Frieden zu füllen, als plötzlich die Aussage des Vaters ganz lebendig vor mir stand: «Er sollte eigentlich ein Zwilling sein.»

«Herr», hörte ich mich beten, «sollte dieser Zwilling ihm fehlen? Spürt vielleicht dieser kleine Lars eine Leere, einen Mangel? Du allein weißt alle Dinge, Herr, und du hast gesagt, uns wird nichts mangeln. Du gleichst allen Mangel aus. Wenn es hier wirklich der Fall sein sollte, bitte, Herr, greif ein. Fülle du die Lücke, die im Leben des kleinen Lars durch den Verlust des Zwillingsbruders entstanden ist. Bitte fülle sie aus, damit dieser kleine Kerl sich geborgen weiß, ganz gut aufgehoben in deinen Armen, und damit er spürt, dass du ihn lieb hast. Du bist ja da, ihm wird nichts mehr fehlen.»

Und während wir so beteten, geschah das Erstaunliche: Der Kleine hob sich aus seinem Versteck und wurde plötzlich zutraulich. Ja, er griff nach meiner Hand, und der Vater und ich spürten beide, Jesus ist am Wirken, Jesus schenkt Frieden, Jesus füllt diese Lücke aus.

Oh Herr, was bist du für ein Gott – groß und wunderbar, allwissend bist du. Wir können dich nur staunend anbeten!

Und als ich gar anfing, mit den ausgestreckten Händen des Jungen zu spielen – «Das ist der Daumen, der schüttelt die Pflaumen», und so weiter –, da fand seine Begeisterung kein Ende. Immer mehr wollte er davon haben, immer vertrauensvoller wurde er. Der Vater und ich, wir konnten nur staunen, wie der Sohn sich freute und wie verändert er war.

Ja, Herr Jesus, so bist du, so wunderbar greifst du ein. Wir konnten nur danken.

Später erfuhr ich, dass Lars seinen Frieden gefunden hat. Er kommt höchstens noch einmal in der Nacht – wenn überhaupt. So ist unser Herr, Dank sei ihm, aus tiefstem Herzen Dank.

Hätten Sie diese Erregung des Kindes, diese Angst, mit dem abgestorbenen Zwilling in Verbindung gebracht? Ich gewiss nicht. Ich empfinde immer mehr, wie unvollkommen wir Menschen doch sind.

Es ist mir eine Gewissheit: Ohne den Herrn können wir gar nichts tun (Johannes 15,5), sondern wir sind in allen Dingen auf ihn angewiesen. Gott sei Dank.

Es fasziniert mich, wie er die Zusammenhänge aufdeckt und Klarheit schafft und uns kleine Menschen als Werkzeuge benutzt.

So ein Eingreifen des Herrn durften wir auch bei Frau N. erleben.

Sie kam, weil sie unter einer Art Magersucht litt, und setzte ihre ganze Hoffnung auf Jesus. Sie hatte schon viele Ärzte konsultiert, doch niemand konnte ihr helfen. Ich war sehr überrascht, dass sie schon so viel durchlitten hatte. Sie machte den Eindruck einer patenten jungen Frau. Und doch: Seit drei Jahren, seit der Geburt ihres Kindes, litt sie unter sehr starken Ess-Störungen. Sie lebte praktisch nur noch von Pellkartoffeln und Quark.

Alles andere vertrug sie nicht mehr. Sobald sie normale Nahrung zu sich nahm, schnürte sich ihr der Hals zu, so dass sie nicht mehr schlucken konnte. Alle Schleimhäute schwollen an, der Magen war völlig blockiert. Ja, auch die Atmung war betroffen, sie drohte sogar zu ersticken. Was ist das für eine Qual, unter solchen Umständen essen zu müssen! Ich kenne so etwas. Tiefes Mitleid und Erbarmen mit Frau N. erfasste mich. So betete ich im Herzen schon still: «Oh bitte, Herr, zeige doch, wie du ihr helfen willst.»

Sie war bei mehreren Psychotherapeuten in Behandlung gewesen. Einer hatte sie zum andern geschickt, da keiner ihr helfen konnte. Alle durchforschten ihre Kindheit, ihre Ehe, suchten nach seelischen Konflikten. Schließlich meinten sie, sie sei durch ihr Baby überfordert. Doch niemand fand die wirkliche Ursache heraus. Irgendwann wurde sie in eine Klinik eingeliefert. Und merkwürdigerweise konnte sie dort alles essen. Ohne Schwierigkeiten. Ohne Atem- oder Schluckbeschwerden. War da ein Wunder geschehen? War sie völlig heil? Sie konnte nur staunen und war von Herzen dankbar. Auch als sie später zu einer Kur geschickt wurde, konnte sie dort ganz normal alle Mahlzeiten zu sich nehmen. Doch sofort nach ihrer Heimkehr traten die alten Beschwerden wieder auf. Sie hatte nur ganz kurz diesen Sachverhalt geschildert, als ich sie fragen musste:

«Ist in Ihrem Wohnhaus viel Holz verwendet worden?»

Sie schaute mich ganz erstaunt an.

«Oh ja», sagte sie, «im ganzen Erdgeschoss und auch im zweiten Stockwerk sind alle Wände und Decken mit Holztäfelungen versehen.»

«Und dort befindet sich auch Ihr Schlafzimmer?»

Sie bejahte und sah mich fragend an. Mein Herz war voller Dankbarkeit, als ich ihr erklären konnte:

«Seit dem ersten Moment unseres Zusammenseins habe ich Jesus gebeten, den Hintergrund Ihrer Beschwerden aufzudecken. Und ich denke, er hat es ganz klar gezeigt. Dieses Holz muss mit einem Mittel imprägniert worden sein, das bei Ihnen diese allergischen Reaktionen hervorruft. Mir scheint, Sie leiden unter reinen Vergiftungs-Erscheinungen auf Grund der Ausdünstungen des Holzes. Es muss ja logischerweise am Haus liegen, sonst könnten Sie woanders doch nicht ganz normal essen. Seien Sie also getrost, Jesus hat gesagt, dass Gift uns nicht schaden wird (Markus 16,18). Er wird also auch Ihnen helfen.»

Sie konnte diesen geäußerten Verdacht sofort nachvollziehen und erzählte: «Denken Sie nur, vor einigen Wochen hatte ich zu Hause einen ganz schweren Erstickungs-Anfall. Ich dachte, ich würde ihn nicht lebend überstehen. Bekannte fuhren mich schnell zum Arzt. Doch schon auf halbem Wege ließ diese Atemnot nach. Und als wir beim Arzt ankamen, war ich sogar beschwerdefrei, so dass er meinte, ich simulierte nur. Niemand nahm meine Beschwerden mehr ernst, weil sie nicht mehr auftraten, sobald ich das Haus verließ.»

So konnten wir Jesus also nur bitten, dass er das Gift in ihr auf Grund seiner Verheißung unschädlich machen und eine Lösung zeigen würde, so dass sie nicht mehr in diesem Haus leben, aber vielleicht auch nur nicht mehr in diesem Schlafzimmer schlafen musste.

So riet ich ihr als Erstes, das Haus doch einfach zu verkaufen.

«Aber nein», protestierte sie heftig. «Mein Mann hängt so sehr an diesem Haus, der lässt lieber mich allein, als das Haus zu verkaufen. Das ist also völlig ausgeschlossen.»

«Gibt es denn vielleicht eine Möglichkeit, in einem anderen Stockwerk Ihres Hauses ein Schlafzimmer für Sie zu finden?»

«Ja, im Keller haben wir ein Gästezimmer. Das stünde natürlich für mich zur Verfügung.»

«Ich weiß nicht, was Jesus vorhat», meinte ich. «Kommen Sie, lassen Sie uns noch einmal beten. Jesus wird Rat wissen.» Und plötzlich – während des Gebets – musste ich sie fragen: «Wie sind die beruflichen Aussichten Ihres Mannes?»

«Ja», meinte sie, «das wäre die Rettung, er ist Beamter und macht im Moment eine Weiterbildung. Wenn er die Abschlussprüfung besteht, dann wird er allerdings versetzt, und zwar weit weg. Dann müssen wir umziehen.»

Ich kann nur staunen, wie unser Herr langfristig plant. Wie er die Wege schon bereitet hat. Und ich bin sicher, er wird auch Herrn N. die Prüfung bestehen lassen.

Wir konnten nur jubeln und danken, dass der Herr das so gezeigt hat. Überglücklich fuhr Frau N. nach Hause. In der Gewissheit, dass Jesus doch alles in seinen Händen hat.

Mich erschüttert an dieser ganzen Geschichte sehr, dass weder die Ärzte noch die Bekannten von Frau N. ihre Krankheit ernst nahmen. Wie leicht sind wir Menschen doch bereit, Tatsachen zu ignorieren, wenn wir selbst nicht weiterwissen und auch die Ärzte keine Hilfe geben können. Wir dürfen die Kranken in ihrer ganzen Not nicht alleine lassen, denn Jesus weiß immer noch Rat. Er sieht ja unseren Weg vor sich. Außerdem war ich natürlich sehr betroffen über ihre Aussage, ihr Mann würde lieber sie verlassen, als das Haus zu verkaufen. Was ist das nur für eine Ehe, in der sie lebt?

Und in vielen anderen Beziehungen sieht es genauso aus. Dabei sagt uns der Herr in seinem Wort: «Was nun Gott zusammengefügt hat, das soll der Mensch nicht scheiden» (Matthäus 19,6). Das bedeutet doch, dass ich sowohl in der Freude als auch im Leid bereit bin, zum anderen zu stehen, alles mitzutragen, was ihn betrifft, da zu sein, wenn er mich braucht.

∽

Anlässlich einer Trauung gab der Pastor dem jungen Paar folgenden Satz mit auf den gemeinsamen Weg:

«Ehe heißt, gemeinsam leben in versöhnter Unterschiedlichkeit.»

Dieses Wort hat mich sehr beeindruckt.

Ja, es stimmt, eine Ehe gelingt nur, wenn beide Partner immer wieder bereit sind, einander zu vergeben und einander neu anzunehmen.

Diese Erkenntnis war auch für Frau Y. eine große Hilfe, die wegen ihrer Eheprobleme zum Beten kam.

Sie befand sich mit ihren Kindern in einem Heim zur «Mutter-Kind-Kur». Sie war – ohne sich von ihrem Mann zu verabschieden – von zu Hause weggefahren, denn sie hatten schon vorher wochenlang nur Streit gehabt. Sie hatten nicht mehr miteinander geredet. «Dabei hab ich ihm doch wirklich alles abgenommen. Ich habe mich um alle finanziellen Dinge kümmern müssen. Ich habe mich natürlich auch um die Erziehung der Kinder gekümmert. Ich habe die Behördengänge erledigen müssen. Alles, was mit Haus und Garten zu tun hat, habe ich geregelt. Ja, den ganzen Lebensinhalt und die Freizeit habe ich gestalten müssen. Ich habe wirklich alles gemacht. Und dann beschuldigt er mich auch noch. Und wenn Schwierigkeiten auftraten, war ich der Sündenbock. Jeden einzelnen Ärger musste ich ausbaden, und dann hielt er mir noch kritisierend einige Dinge vor Augen, bei denen ich seiner Meinung nach versagt hatte. Allerdings muss ich zugeben, während der Kur hat er sogar einmal angerufen und mich um Vergebung gebeten. Das fand ich schon sehr anständig von ihm.»

Ich musste ihren Redefluss unterbrechen.

«Ist Ihnen eigentlich aufgefallen, dass Sie nur von sich reden? Ich, ich, ich, immer nur ich. Und was sagt die Bibel dazu? In Epheser 5,21 heißt es: ‹Ordnet euch einander unter.› Das bedeutet: Stellen Sie sich nicht über Ihren Mann. Stellen Sie sich neben ihn und legen Sie Ihren Stolz bei Jesus ab, er schadet Ihnen doch nur. Lassen Sie Ihren Mann teilhaben an Ihren Gedanken, an Ihren Planungen, ja, an allem, was Sie tun. Ein Mann will doch gefragt werden. Sie müssen Ihrem Mann signalisieren: ‹Ich brauche dich. Wie siehst du diese Geschichte, die mich beschäftigt?› Bleiben Sie immer im Gespräch.»

«Darum habe ich ihn ja auch um Vergebung gebeten», unterbrach sie mich. «Doch merkwürdig, die Enttäuschung kommt immer wieder in mir hoch. Sie ist nicht weg.»

Das war mir ganz verständlich, denn so aufgebracht, wie sie innerlich war, da konnte sie nicht frei sein. Wir machten ihr klar, dass sie ihren Dickkopf, ihr Ich, ihren Stolz und ihren Egoismus bei Jesus ablegen sollte. Auch rieten wir ihr, ihre Schuld ihrem Mann gegenüber vor Jesus zu bringen. Er alleine macht doch frei. Wir sagten ihr: Die menschliche Liebe beruht auf Sympathie, aber die göttliche Liebe ist eine Liebe des Trotzdem und Dennoch.

Das ist doch der ganz entscheidende Unterschied gegenüber dem, wie die Welt denkt.

«Und wenn sie beide wieder einmal Streit haben, bitte rechtfertigen Sie sich nicht. Jesus hat sich auch nicht gerechtfertigt. Schweigen Sie und denken Sie: ‹Ich liebe dich trotzdem.› Und segnen Sie still Ihren Mann. Sie werden sich wundern, wie Jesus Ihre Ehe verändern wird. Und einen weiteren Tipp möchte ich Ihnen geben: Durch die Intimität einer Ehe sind wir nun einmal sehr genau über den anderen informiert. Hüten wir uns doch, diese Kenntnisse jemals als Waffe gegen ihn zu verwenden. Das sind Verletzungen, die sehr wehtun und sehr schwer wiedergutzumachen sind. Bitte seien Sie klug und nehmen Sie Ihren Mann an, so wie er ist. Wir können keinen Menschen verändern. Das kann nur Jesus. Also bitte nehmen Sie Ihrem Mann nicht mehr alles aus der Hand, sondern stehen Sie als seine Gefährtin neben ihm, damit wieder ein Miteinander entsteht. Fragen Sie ihn bei Problemen, respektieren Sie seine Meinung, ohne sie gleich zu verwerfen.»

«Ja», fuhr sie hoch, «das ist auch so ein Punkt. Die Kindererziehung. Mein Mann ist sehr lieb und gut zu den Kindern, aber auch enorm konsequent, während ich schon mal ein Auge zudrücke und sie gewähren lasse. Auch in diesem Punkt sind wir uneinig.»

«Aber das merken Kinder doch sofort», entgegneten wir ihr, «und dann spielen sie die Eltern gegeneinander aus. Lassen Sie das nicht zu, stellen Sie sich neben Ihren Mann, seien Sie einer Meinung mit ihm. Sonst könnten die Kinder Ihnen später viele Sorgen bereiten.»

Als wir dann beteten, legte sie alles bei Jesus ab, ihren Dickkopf, ihren Stolz, ihre Ich-Bezogenheit, ihren Egoismus, all ihre Schuld der Überheblichkeit, der Besserwisserei. Sie hat auch ihren Mann um Vergebung gebeten. Und was mir sehr wichtig war: Sie hat sich auch selbst vergeben. Es war spürbar, wie sie Erleichterung, ja völlige Entspannung erfuhr.

Dann beteten wir für die Ehe, dass Jesus einen ganz neuen Anfang schenken würde. Dass beide Partner wieder eins würden in allen Dingen und einander so annehmen konnten, wie der Herr sie geschaffen hat. Ich merkte, wie sie wieder tiefer durchatmen konnte und sich völlig entspannte. Ja, sie war unendlich dankbar für alle Hilfe, für alle Befreiung von den Lasten, die sie mit sich herumgeschleppt hatte. Plötzlich freute sie sich auf zu Hause, auf ihren Mann.

Wir konnten Gott nur loben und preisen und ihm von Herzen danken. Was haben wir für einen wunderbaren Gott.

∽

Ich bin immer wieder von Herzen dankbar, wenn gerade in der heutigen Zeit, da die Scheidungsrate so hoch ist, Ehepartner bereit sind, nicht gleich aufzugeben, sondern bei Jesus Hilfe zu suchen. Jesus will die Ehe heilen, er will Frieden. Er wartet doch nur darauf, dass wir kommen. Er hat uns füreinander geschaffen, und es ist eine große Gnade, miteinander alt zu werden und immer mehr zusammenzuwachsen.

So kam vor etwa zwei Jahren das Ehepaar K. zum Beten, um bei Jesus Hilfe zu suchen. Der Mann war stark depressiv, und seine Frau hatte große Schwierigkeiten gehabt, ihn überhaupt zum Mitkommen zu bewegen.

«Was soll ich denn da? Mir kann eh keiner helfen.»

So war seine Reaktion gewesen. Aber auf Druck seiner Frau hatte er sich schließlich doch bereit erklärt, sie zu begleiten. Man merkte ihm an, wie unwohl er sich fühlte. Er saß völlig teilnahmslos da, schweigend und verhärmt. Ja, seine innere Abwehr war sehr deutlich spürbar. Seine Frau dagegen war das Sprachrohr der Familie. Sie redete ununterbrochen nicht nur für sich, sondern auch für ihren Mann. Er steckte so tief in seinen Depressionen, weil die beiden ihren einzigen Sohn nicht mehr verstanden. Die Familie war nicht unvermögend, und Herr K. hatte seinem Sohn jetzt schon mehrere Häuser überschrieben, aus welchen Gründen auch immer.

Doch als Dank dafür erwartete er von seinem Sohn bedingungslosen Gehorsam. Er sollte den beruflichen Weg einschlagen, den der Vater für ihn vorgesehen hatte. Der Sohn studierte Germanistik, doch leider schaffte er zweimal die Abschluss-Examina nicht. Dabei wäre es dem Vater viel lieber gewesen, wenn er Volkswirtschaft studiert hätte. Durch seine guten Beziehungen wären da einige Möglichkeiten gewesen, ihn bei einer Bank oder einer Versicherung unterzubringen. Herr K. hatte für seinen Sohn schon alles genau geplant. Doch vergeblich, der wollte nicht. Außerdem hatte er eine Freundin, und obwohl beide noch mitten im Studium steckten, wollten sie heiraten.

Nein, das war den Eltern durchaus nicht recht, und sie waren tief enttäuscht. Unser liebevolles Gespräch und inniges Gebet ging dahin, dass wir Jesus baten, die Eltern zu bewegen, ihren Sohn aus ihrer Verantwortung und Erwartungshaltung zu entlassen.

Schließlich war der Sohn längst volljährig und musste lernen, sein eigenes Leben zu führen. Wir baten Jesus aber, in Frau K. zu bewirken, dass sie sich selbst ganz zurücknehmen und neben ihren Mann stellen möge. Dann würde in der Ehe ein Neuanfang geschenkt werden auf der Basis eines Miteinanders und Füreinanders in Jesu Liebe. «Bitte, Herr, heile auch Herrn K. von seinen Depressionen, und schenke ihm wieder ein fröhliches Herz.»

Nach etlichen Monaten, in denen wir nichts von diesen Eheleuten gehört hatten, kamen sie wieder. Die Depressionen von Herrn K. hatten sich nicht gebessert, aber dieses Mal war er gerne mitgekommen, weil er von Jesus Hilfe erhoffte. Ich sah darin eine positive Veränderung, denn er war nicht mehr so verschlossen wie beim ersten Besuch. Aber sie hatten beide ihren Sohn nicht loslassen können. Nein, im Gegenteil, sie waren voller Zorn.

«Stellen Sie sich nur vor, Frau Anton», fiel der Mann ganz empört in das Gespräch mit ein. «Da hat doch tatsächlich inzwischen unser Sohn dieses Mädchen geheiratet. Das ist zu viel für uns. Wir sind zwar hingefahren und haben an der Hochzeit teilgenommen, aber unsere Mienen waren entsprechend missmutig, so dass man uns sofort unsere Ablehnung ansah. Nein, glauben Sie uns, das können wir beim besten Willen nicht gutheißen. Wir sind tief enttäuscht und verletzt.» Er fügte voller Bitterkeit noch hinzu: «Ich mag nicht mehr leben, nein, ich mag nicht mehr.»

Er hatte sich von allen Freunden und Bekannten zurückgezogen und puzzelte zu Hause still vor sich hin. «Was hat denn mein Leben überhaupt noch für einen Sinn?» fragte er sich, und diese Verzweiflung nagte so sehr an ihnen beiden, dass auch Frau K. mittlerweile depressiv geworden war.

Wir erklärten Herrn K., wie sehr seine Aussage – «Ich mag nicht mehr leben» –, die er immer wiederholte, ihre Ehe, ja, ihr ganzes Leben belastete. Dass gerade diese Entmutigung eine der schärfsten Waffen des Feindes ist. Wir baten ihn, sich davon loszusagen. So beteten wir zu Jesus und banden in seinem Namen diese negative Aussage. Herr K. sagte sich davon los, und im Namen Jesu widerriefen wir sie.

«Herr Jesus, du bist der Herr über Leben und Tod, du hast doch Ja gesagt zu Herrn K. Bitte gib du ihm wieder neuen Lebensmut und Freude in sein Herz. Fülle du diese Ehe wieder neu, dass sich endlich wieder ein Miteinander ergibt.»

Wir ermutigten das Ehepaar noch einmal, ihren Sohn jetzt loszulassen. Das heißt ja nicht, sich von ihm loszusagen, sondern ihn freizugeben aus aller Verantwortung und Erwartungshaltung.

«Geben Sie Ihren Sohn Jesus hin. Nehmen Sie seine Frau und ihn jetzt bitte so an, wie Jesus uns auch alle annimmt und zu uns Ja sagt. Lassen Sie bitte die Tür Ihres Hauses für Ihren Sohn und seine Familie immer geöffnet.»

Das taten sie jetzt beide. Sie gaben ihren Sohn frei und baten Jesus, die weitere Führung seines Lebens zu übernehmen. Uns blieb nur noch, für die Besserung der Beziehungen und die Heilung von den Depressionen zu beten. Der Herr würde eingreifen, da war ich ganz sicher. Wir waren unserem Herrn von Herzen dankbar für das, was er schon an ihnen getan hatte.

Etliche Monate später kamen sie beide zum dritten Mal. Ein fröhliches, unbefangenes Ehepaar betrat das Zimmer. Ich war ganz überrascht, wie unser Herr gewirkt hatte. Das war ein wirkliches Wunder. Unbekümmert und frei waren sie, ich erkannte sie vom Wesen her kaum wieder. Ich konnte nur staunen, wie der Herr sie verändert hatte.

Frau K. hatte erkannt, und das war mit ein Grund ihres Kommens, dass die Aussage ihres Mannes – «Ich mag nicht mehr leben» –, die seinerzeit gelöst und widerrufen wurde, in ihr selbst noch wie ein tiefer Schock saß. Die Angst nämlich, dass er nicht nur sich, sondern der ganzen Familie etwas antun würde, hatte sie in Depressionen fallen lassen. Er hingegen war jetzt frei.

«Ja, bitte lassen Sie uns beten, dass Jesus diesen Schock und vor allen Dingen die Angst, dass diese Depressionen wiederkommen könnten, auch von mir nimmt.»

So wurde unser Gebet ein Lob und Dank an unseren großen Gott, dass er Frau K. diese Dinge gezeigt hatte. Wir banden also im Namen Jesu diesen Schock, und ihre Erleichterung und Befreiung war wirklich spürbar, nachdem sie sich losgesagt hatte. Wir konnten nur jubeln. Sie strahlte übers ganze Gesicht, und wir staunten, was Jesus inzwischen alles an ihnen beiden bewirkt hatte.

Sie waren jetzt auch endlich bereit, ihrem Sohn und auch der Schwiegertochter zu vergeben, ja, die junge Frau sogar als Tochter anzunehmen. Aber nicht nur das, sie brachten auch ihre eigene Schuld vor Jesus. Dass sie sich bei der Hochzeit derart missgestimmt und ablehnend verhalten hatten.

«Ach, Herr, es tut uns von Herzen leid, dass wir uns bei der Hochzeit so töricht verhalten und es unseren Kindern so schwer gemacht haben, so dass alle Freude getrübt war. Bitte vergib uns, und heile jetzt diese Beziehung zu unseren Kindern.»

Dann lag Frau K. noch etwas anderes sehr schwer auf dem Herzen. Sie hatte versucht, ihrem Sohn eine Bewerbung via Internet nahe zu legen, und das war völlig danebengegangen. Er fühlte sich blamiert und hat seiner Mutter schwere Vorwürfe gemacht. Auch diese Schuld brachte sie vor Jesus und bat unseren Herrn gleichzeitig um Vergebung. Jetzt endlich hatten beide Eltern erkannt: Loslassen und Vergeben ist für die Heilung unserer Beziehungen von ganz entscheidender Bedeutung. Heißt es doch im 1. Johannesbrief 1,9: «Wenn wir aber unsre Sünden bekennen, so ist er treu und gerecht, dass er uns die Sünden vergibt und reinigt uns von aller Ungerechtigkeit.»

«Seien Sie gewiss, Jesus hat Ihre Schuld weg-genommen, er hat Ihnen vergeben, und keine Macht im Himmel oder auf Erden wird Ihnen davon noch etwas vorhalten können, denn Jesus hat die Strafe schon bezahlt. Im Namen Jesu – Sie sind wirklich frei.»

Wir konnten Gott nur loben, preisen und danken für alles, was er an dieser Familie getan hatte. Ja, sie haben wieder zueinander gefunden und vertrauen auf unseren Herrn. Das ist wunderbar. Dank sei ihm, unserem Erlöser.

∽

Das durfte auch Frau S. erleben. Eine junge Frau, die ebenfalls völlig verzweifelt war. Durch eine Freundin, die im Gebet Jesu Hilfe und Eingreifen erfahren hatte, hörte sie von unserem Gebets-dienst. Sie kam in tiefer Not und breitete ihr ganzes Leid vor Jesus aus.

Sie hatte ihren Mann schon während der Schul-zeit kennen gelernt. Sie meinte, gleich nach dem Abitur heiraten zu müssen. Ihr Mann studierte Philosophie, aber er wusste selbst noch nicht ge-nau, welche Richtung er in seinem zukünftigen Beruf einschlagen würde. Er wollte sich auf keinen Fall in einen festen Rahmen pressen lassen und hatte einen großen Freiheitsdrang. Seiner Frau aber war diese Ungewissheit eine Last. Es wäre ihr lieber gewesen, ihr Mann wäre Beamter ge-worden und somit in einen festen, sicheren Beruf eingebunden gewesen. Dann plante er ein Touris-tik-Unternehmen, doch nach einiger Zeit gefiel ihm auch das nicht mehr. Zumal seine Frau seine

Begeisterung nicht teilte, sondern immer ein wenig auf die Bremse trat.

Was er auch plante und unternahm, ihre Angst vor Fehlschlägen blieb. Sie versuchte daher, jeden seiner neuen Pläne zu verhindern. Endlich begann er ein Jurastudium, und nach erfolgreicher Beendigung aller vorgeschriebenen Ausbildungsgänge trat er als Partner in eine Kanzlei ein. Es war ein größerer Betrieb mit etlichen Mitarbeitern. Er fühlte sich sehr wohl in diesem Beruf und kam bei allen Kollegen gut an. Da blieb es natürlich nicht aus, dass es auch manchmal zu sehr privaten Gesprächen kam.

Es bahnte sich so zu einer Frau X. eine enge persönliche Beziehung an. Sie war eine äußerst attraktive Frau, sehr intelligent und charmant. Da war es für Herrn S. nicht leicht zu widerstehen. Er begann ihre Gegenwart zu suchen und genoss ihre liebenswürdige Gesellschaft. Plötzlich hatte er nach Dienstschluss mit Mandanten noch längere Gespräche zu führen – so sagte er es jedenfalls seiner Frau.

«Warte also bitte nicht auf mich. Es kann später werden, bis ich heimkomme.»

Sie aber war arglos. Schließlich hatte sie ja mit der Betreuung und Versorgung der Kinder, die die Familie inzwischen vergrößert hatten, genug zu tun. Wenn ihr Mann dann endlich nach Hause kam, waren sie beide müde und gingen ins Bett, so dass es kaum mehr zu Gesprächen kam. Als diese so genannten «Mandanten-Verhandlungen» öfters stattfanden und länger andauerten, erwachte in Frau S. doch etwas Misstrauen. Sollte ihr Mann etwa ...? – Nein, den Gedanken wollte sie nicht zu Ende denken. Dennoch fuhr sie in die Kanzlei, um sich da einmal umzuschauen. Dort fiel ihr Frau X. auf. Ob Blicke sie verraten hatten oder sonst irgendetwas Verdächtiges? Sie wusste es nicht mehr.

Auf jeden Fall wurde sie jetzt sehr misstrauisch. Sie erkundigte sich nach der Adresse von Frau X. Und als ihr Mann an einem Abend wieder eines dieser «Mandanten-Gespräche» hatte, setzte sie sich in ihr Auto und fuhr dorthin. Siehe da, das Auto ihres Mannes stand vor der Tür. In ihr brach eine Welt zusammen, und doch wollte und konnte sie es nicht glauben. Sie fuhr nach Hause und schwieg. Aber ihr Herz schrie: «Ich liebe ihn doch, er ist mein Mann, wir gehören zusammen! Nein, ich gebe ihn nicht auf.» Das war ihr fester Entschluss. Trotzdem zog es sie mit unwiderstehlicher Gewalt immer wieder zu diesem Haus, wenn ihr Mann zu ihr sagte: «Ich werde heute später kommen, ich habe noch ein Gespräch.»

Sie litt Qualen, diese Schmerzen zerrissen ihr fast das Herz, aber sie liebte ihn trotzdem.

Ich riet ihr: «Spionieren Sie ihm nicht mehr nach, wenn er nicht nach Hause kommt. Es lohnt sich nicht. Im Gegenteil, seien Sie klug, versorgen Sie die Kinder so, dass sie schon im Bett sind, wenn Ihr Mann nach Hause kommt. Dann haben Sie Zeit für ihn. Bitte vernachlässigen Sie auch nicht sich selbst, sondern machen Sie sich hübsch für ihn, damit ihn eine gepflegte Frau empfängt, wenn er abends vom Dienst nach Hause kommt. Decken Sie den Tisch festlich, und bereiten Sie ein besonders schönes Abendessen mit seinen Lieblingsgerichten vor. Planen und unternehmen Sie gemeinsam etwas. Lernen Sie zuzuhören, wenn er von seinen Sorgen und Problemen spricht, und vergeben Sie ihm, damit auch Sie diese Belastung los sind.»

So ging es eine ganze Weile. Sie kam immer wieder zum Beten. Ich bezeugte ihr das Evangelium und sprach von der unendlichen Liebe Gottes, die so groß ist, dass er selbst in seinem Sohn Jesus Christus zu uns auf die Welt gekommen ist. Er will uns, die wir uns von ihm entfernt haben, retten. Sie wusste wohl, dass Jesus gekreuzigt wurde und auferstanden ist, aber dass sie durch dieses Opfer frei von aller Schuld und Sünde werden konnte, bewegte sie tief.

«Ja», sagte ich zu ihr, «wir dürfen so zu ihm kommen, wie wir sind. Mit all unseren Fehlern und mit Schuld beladen. Er kennt uns genau und hat mit seinem Leben die Strafe schon bezahlt, die wir verdient haben. Er kennt Sie genau und hat Sie lieb, so sehr, dass er nur darauf wartet, dass Sie Ihr Herz für ihn öffnen.»

Und ich nahm den Deckel einer runden Konfektdose, die auf dem Tisch stand, drehte ihn herum, so dass in der Mitte des Deckels der Firmenstempel sichtbar wurde, und sagte:

«Schauen Sie einmal, stellen Sie sich vor: Dieser Mittelpunkt ist der Stuhl, von dem aus Sie alles im Griff haben.»

Am Deckelrand zeigte ich ihr all die Lebensbereiche, die sie beherrschte: Familie, Beruf, Hobby, Finanzen, Fernsehen, Urlaub, Veranstaltungen, Verstand usw.

«Räumen Sie diesen Stuhl», riet ich ihr, «und lassen Sie Jesus darauf sitzen, damit er alle Bereiche Ihres Lebens führen kann und Sie durch den Heiligen Geist leitet. Geben Sie ihm die Verantwortung für Ihr Leben. Er kennt ja sowieso Ihren

Weg. So wird er Ihre Last mittragen und Ihnen helfen.»

Sie war doch sehr erleichtert. Dann gab sie Jesus ihr Leben. Wir konnten nur beten:

«Herr, greif ein. Herr, zerschlage dieses ehebrecherische Verhältnis, zerschlage diese außereheliche Beziehung, und verändere Herrn S., damit er endlich erkennt, dieser Ehebruch ist gegen dein Gebot und vor dir eine große Sünde. Lass ihn doch endlich zu seiner Frau zurückkehren, und heile diese Ehe. Stärke du seine Frau, tröste sie und schenke ihr Geduld.»

Da wurde ein Glaubensgrundkurs in unserer Gemeinde angeboten, und obgleich Frau S. weit entfernt wohnte, kam sie jede Woche zum Kursabend. Herr S. allerdings wunderte sich, dass seine Frau plötzlich diese Eigeninitiative ergriffen hatte. Diese ganze verworrene Situation setzte ihm doch sehr zu und machte ihn mürbe. Er konnte dieses zweigleisige Leben kaum mehr ertragen. Eines Tages eröffnete er seiner Frau:

«Ich habe ein Verhältnis, ich komme nicht von dieser Frau los. Dabei liebe ich dich nach wie vor.»

Es war schmerzlich für beide. Sie weinte, doch auch er litt sehr. Trotzdem zog sie aus dem gemeinsamen Schlafzimmer aus. So lebten sie eine ganze Weile nebeneinander her. Das Ehepaar hatte sich kaum noch etwas zu sagen, und wir konnten nur beten, dass Jesus endlich eingreifen und die Beziehung zu Frau X. zerbrechen würde. Eines Tages erschien Frau S. völlig ratlos zum Gebet:

«Stellen Sie sich vor, Frau Anton, der Kompagnon meines Mannes hat Geburtstag und hat alle Mitarbeiter und deren Partner – natürlich auch meinen Mann und mich – zu dieser Feier eingeladen. Gewiss wird Frau X. auch dort sein. Also werde ich diese Einladung auf keinen Fall annehmen.»

«Sie werden gerade hingehen», antwortete ich ihr. «Schließlich sind Sie die Frau Ihres Mannes. Sie hat er geheiratet, und Sie gehören an seine Seite.»

Sie war ganz entsetzt über diesen Rat.

«Kaufen Sie sich ein wirklich elegantes neues Kleid, machen Sie sich hübsch zurecht, und versuchen Sie strahlendster Laune zu sein, so dass Ihr Mann stolz auf Sie sein kann. Sie werden sehen, das entwaffnet ihn.»

«Ja», meinte sie, «damit wird er sicher nicht rechnen.»

Sie ist tatsächlich mitgegangen, und es hat sich gelohnt. Allmählich fing Herr S. an, sich zu verändern. Ab und zu besuchten sie nun gemeinsam Veranstaltungen, sie gingen auch mal essen, und sie bezog ihn in ihre Sorgen mit ein, so dass auch er von seinen beruflichen Angelegenheiten zu erzählen begann. Langsam, Schritt für Schritt, ging dieses Ehepaar wieder aufeinander zu. Gewiss, es dauerte Jahre, aber Jesus arbeitete an ihnen beiden.

Mittlerweile hatte Herr S. sich von Frau X. getrennt. Als wieder ein Glaubensgrundkurs in der Gemeinde angeboten wurde, kam Herr S. sogar mit. Er war nämlich neugierig geworden, wo seine Frau wohl abgeblieben war. Er hatte viele Fragen auf dem Herzen, die durch das Wort Gottes beantwortet wurden. Er erkannte, dass er Jesus brauchte, und freute sich, durch seine Frau diesen Weg gefunden zu haben.

Eines Tages machte das Ehepaar einen Bummel in der benachbarten Stadt. Ja, Lübeck ist eine schöne alte Hansestadt und hat wunderbare Geschäfte. Plötzlich standen sie vor einem Einrichtungshaus. Im Schaufenster war ein wunderschönes Schlafzimmer ausgestellt.

«Schau mal», meinte Herr S. «Wäre dieses Doppelbett nicht etwas für uns? Was hältst du davon?»

Ihr stockte fast der Atem.

«Ist das dein Ernst?»

«Ja. Wie denkst du darüber? Wollen wir einmal hineingehen?»

Kurze Zeit danach stand dieses Doppelbett in ihrem Schlafzimmer. Das konnte Frau S. natürlich nicht unbenutzt lassen, zumal ihr Mann, der mittlerweile den Grundkurs absolvierte, Jesus als seinen Herrn angenommen und ebenfalls seine Schuld und Sünde vor Jesus gebracht hatte.

So gab es für sie eine gemeinsame Basis, um ganz neu anzufangen. Jesus ist der Dritte in ihrer Ehe. Man sagt ja: Ein dreifacher Strick hält besser als ein zweifacher. Das durften beide erfahren, und so sind sie heute lebendige Zeugen für das Leben mit Jesus.

Ja, Jesus will die Ehe. Er segnet uns reich, wenn wir ihm vertrauen. Doch er lässt uns auch laufen, wenn wir seine Gebote missachten und unser Leben nach unserem eigenen Willen gestalten.

2. Auf Gottes Liebe vertrauen

Eines Tages rief Frau. Z. an: «Frau Anton, erinnern Sie sich noch an mich? Vor vier Jahren habe ich schon einmal mit Ihnen telefoniert. Sie haben damals für mich gebetet, und Jesus hat mich frei gemacht von meiner Spielsucht.»

Ich konnte mich wirklich nicht mehr an dieses Telefongespräch vor so langer Zeit erinnern. Dafür bat ich sie um Verständnis.

«Und was ist jetzt Ihr Anliegen?»

«Leider bin ich wieder rückfällig geworden. Ich komme an keinem Spielautomaten mehr vorbei. Es zieht mich wie mit magischer Kraft dorthin, und mein Freund schimpft ständig mit mir, dass ich dort das ganze Geld verplempere.»

Ich horchte alarmiert auf und musste sie fragen: «Leben Sie mit Ihrem Freund zusammen?»

«Ja, schon seit gut einem Dreivierteljahr.»

«Und warum heiraten Sie nicht? Sie kennen doch sicher die Stelle im 1. Korintherbrief 7,9, wo es heißt: ‹Wenn sie sich aber nicht enthalten können, sollen sie heiraten; denn es ist besser zu heiraten, als sich in Begierde zu verzehren.'»

«Ja schon», kam es zögernd von der anderen Seite. «Ich würde ja auch gerne heiraten, aber er will nicht. Vielleicht in sechs Jahren, hat er gesagt.»

«Und das lassen Sie mit sich machen? Sie werden doch nur benutzt. Wir Frauen sind ja oft die Dummen bei der ganzen Geschichte.»

«Aber ich liebe ihn doch», protestierte sie.

«Was ist, wenn er eines Tages sagt: Es war schön mit dir, vielen Dank, aber jetzt hab ich eine andere? Dann bricht doch der große Schmerz über Sie herein und die Erkenntnis, dass Sie Ihre schönsten Jahre für ihn dahingegeben haben. Wenn er Sie wirklich lieb haben würde, wäre doch eine Ehe das Natürliche. Sie würden innerlich immer mehr zusammenwachsen. Das ist eine große Kostbarkeit. So ist es Gottes Wille. Aber wie Sie jetzt leben, steht die ganze Beziehung auf unsicheren Beinen, und Sie sind blockiert für eine echte, verbindliche Liebesbeziehung.»

«Aber was soll ich denn nur machen? Ich kann ihm doch nicht sagen, dass ich ihn heiraten möchte.»

«Und warum nicht?» fragte ich provozierend zurück. Wir Frauen wollen emanzipiert sein? Und doch klammern wir diesen einen Punkt aus und beharren auf der alten Tradition, der Mann müsse den Heiratsantrag machen. Da möchte ich Ihnen eine hübsche kleine Geschichte erzählen, die ich vor einigen Jahren erlebt habe:

Ich bin ja viel unterwegs und traf mit einer Gruppe junger Frauen zusammen. Die meisten von ihnen waren verheiratet, aber zwei von ihnen lebten mit ihren Freunden zusammen.

‹Und warum heiraten Sie nicht?› war auch dort meine Frage. ‹Sie wissen doch, dass Gott die Beziehung, in der Sie leben, als Unzucht bezeichnet.›

‹Ja, gewiss›, war die Antwort. ‹Aber was sollen wir tun? Wir wollen ja gern heiraten, aber wir können doch nicht den Antrag vorbringen.›

‹Und warum nicht?› fragte ich genauso zurück wie eben bei Ihnen.

‹In der heutigen Zeit – mit der Gleichstellung der Frau – sollte es doch kein Problem sein, wenn die Frau die Initiative ergreift.›

Ungläubiges Lachen war die Antwort.

‹Das können wir nicht.›

Und doch war eine der Frauen nachdenklich geworden. Einige Tage bewegte sie dieses Problem in ihrem Herzen, dann ging sie am Sonntag in den Gottesdienst und bat um Mut und die Führung des Heiligen Geistes für dieses Gespräch. Sie stärkte sich noch bei einer Tasse Schokolade in einem Café und ging dann in die gemeinsame Wohnung. Als sie das Haus betrat, saß ihr Freund gerade auf der Treppe im Flur und band sich die Schuhe zu. Sie fasste allen Mut zusammen und sprach ihn an.

‹Sag mal, was hältst du davon, wollen wir nicht bald mal heiraten?›

Erstaunt und völlig überrascht hob er den Kopf und sah sie an.

‹Ja, wenn du willst, gerne.›

Damit war die Sache besiegelt. Diese Angelegenheit muss ihn aber innerlich sehr beschäftigt haben, denn am nächsten Morgen – beim Aufwachen – begrüßte er sie mit seinem Familiennamen.

‹Guten Morgen, Frau M., haben Sie gut geschlafen?›

Beide freuten sich.

Einige Wochen später fand die Hochzeit statt. Es war ein sehr schönes Fest. Ab und zu sehe ich dieses Ehepaar und spüre, wie frei und glücklich sie sind.»

Als ich Frau Z. diese Geschichte erzählt hatte, lachte sie herzlich.

«Soll ich das wirklich tun?»

«Ich kann Ihnen nur dazu raten, damit Sie endlich auch wieder eine intakte Beziehung zu unserem Herrn haben. Denn Sünde trennt von Gott. Darin könnte doch die Ursache liegen, dass Sie dem Feind ein Einfallstor geöffnet haben, so dass er Sie wieder zum Spielen verführen konnte.»

Sie war sehr nachdenklich geworden. Wir konnten Jesus nur um seine Hilfe bitten. Möge er eingreifen, die Beziehung ordnen und die Frau auch von ihrer Spielleidenschaft befreien. Ich warte nun gespannt darauf, ob ich bald eine Verlobungsanzeige bekomme, denn sicher wird sie meinen Rat befolgt haben.

Sehr viel anders reagierte da Frau F., als sie zum Beten kam. Sie hatte Medizin und Psychologie studiert und war im Sozialbereich tätig. Sie redete die ganze Zeit wie ein Wasserfall. Seit anderthalb Jahren wich das Gefühl von ihr, so als seien alle Nerven lahmgelegt. Sie hatte keinerlei körperliches Empfinden mehr, sogar Schmerzen spürte sie nicht. Auch ihr Geschmackssinn war gewichen und ebenfalls der Geruchssinn. Sie war wie ohne jegliches Empfinden. Sie erzählte:

«Vor anderthalb Jahren habe ich mich von dem Vater meines Kindes getrennt. Ich habe zwanzig Jahre mit ihm zusammengelebt.»

Ich wurde innerlich unruhig, weil der Beginn ihrer Krankheit genau in die Zeit fiel, als sie vor anderthalb Jahren diese Beziehung aufgelöst hatte. Sollte da etwa ein Zusammenhang bestehen? Dann könnte Buße die Rettung sein.

«Ist Ihnen bekannt», fragte ich vorsichtig, «dass diese Beziehung gegen Gottes Gebot gewesen ist?»

Sofort brauste sie auf.

«Das Thema möchte ich hier nicht berühren. Ich brauche keine Moralpredigt.»

«Nun», sagte ich beschwichtigend, «schauen Sie doch einmal nach, was in 1. Korinther 7 st...»

Weiter kam ich nicht, denn sie fuhr auf.

«Sie brauchen mir nicht mit der Bibel zu kommen, ich weiß, was in 1. Korinther 7 steht.»

«Ja», fragte ich, «was denn? Sie haben doch nicht danach gehandelt?»

Aber sie reagierte gar nicht und klagte gleich weiter über ihre Empfindungslosigkeit. Sowie ich mit der Bibel kam, sagte sie:

«Die kenne ich in- und auswendig. Daraus brauchen Sie mir nichts zu erzählen.»

Daraufhin wollte ich wissen: «Sagen Sie, warum sind Sie denn eigentlich hierher gekommen?»

«Damit Sie gegen meine Empfindungslosigkeit beten.»

«Wenn Sie die Bibel so genau kennen, dann wissen Sie, dass ich von mir aus gar nichts tun kann. Ich habe keine so genannten heilenden Hände. Jesus allein ist der Handelnde, ohne ihn kann ich gar nichts tun (Johannes 15,5). Ihm allein diene ich und will nicht mehr als sein Werkzeug sein.»

So konnte ich wirklich nur beten, dass Jesus ihr Herz öffne für seine Wahrheit, sie in Liebe auffange und zur Erkenntnis seines Willens führe. Dass er sich ihrer erbarmen und ihre Nerven mit seiner Heilkraft durchströmen und ihre Empfindungslosigkeit heilen möge.

Sie tat mir in tiefster Seele leid, und es war meine herzliche Bitte, dass sie seine Hilfe an Körper, Geist und Seele erfahren möchte.

Danke, Herr Jesus, dass du alles in deinen Händen hältst und wir die Gewissheit haben: Kein Gebet vergeht ungehört.

◦∾◦

Frau R. kam zum Gebet, weil sie von Jesus Hilfe und die Lösung ihrer Probleme erwartete. Zögernd und unsicher betrat sie das Zimmer. Man sah ihr schon die bangen Fragen an, die sie zu beschäftigen schienen:

«Du liebe Zeit, auf was habe ich mich hier bloß eingelassen? Was kommt wohl auf mich zu?» Völlig verkrampft nahm sie in einem Sessel Platz, ihre Knie und Füße eng aneinander gepresst, ihre Schultern fielen hilflos nach vorn und ihre vor der Brust verschränkten Arme drückten nur Abwehr aus. So verklemmt saß sie da. Es war kaum ein Wort aus ihr herauszubringen. Sie sagte nur:

«Ich habe am ganzen Körper Schmerzen.»

Dann schwieg sie. So konnten wir nur zu Jesus beten: «Herr, du weißt alle Dinge. Du allein kennst die Schwierigkeiten und das Leid von Frau R. Bitte, Herr, wirke du durch deinen Heiligen Geist, gib ihr Mut, endlich ihre ganze Not vor dich zu bringen, damit sie auch deine Hilfe erfährt.»

Fast zögernd fing sie endlich an zu erzählen.

Die Eltern hatten einen eigenen Betrieb. Der Vater war fast ständig im Außendienst tätig, während die Mutter zu Hause die Geschäfte leitete und alles beherrschte. Außer dieser beruflichen Ebene gab es keine Gemeinschaft zwischen den Eltern, so dass die Ehe sehr schlecht war. Wenn der Vater einmal weggehen wollte, schimpfte die Mutter. Die Tochter verstand aber den Vater, und wenn sie zur Mutter sagte: «Lass ihn doch», goss sie damit nur Öl ins Feuer.

Ja, Frau R. hatte es sehr schwer gehabt in ihrer Jugend. Schon als Zweijährige wurde sie oft und sehr hart geschlagen, so dass einmal sogar ihr ganzer Kopf mit Blut überströmt war. Wenn sie mal der Mutter nicht sofort gehorchte, wurde sie furchtbar bestraft und in der dunklen Räucherkammer eingesperrt. Und weil sie die Älteste von vier Geschwistern ist, wurde sie stets zur Verantwortung gezogen, wenn die jüngeren Kinder etwas angestellt hatten. Schon ab ihrem neunten Lebensjahr wurde ihr die Verantwortung für ihre jüngeren Geschwister übertragen. Was war das für eine Last für dieses Kind!

Außerdem musste sie als Älteste viel im Haus mitarbeiten, darum kam sie nur selten zum Spielen. Wenn sie jetzt zurückdachte, erinnerte sie sich nur an eine strenge, freudlose Jugend. Sie litt oft unter Infekten und seit ihrer Jugend unter chronischen Nebenhöhlenvereiterungen. Ihr Immunsystem war sehr geschwächt, daher war ihr Hormonhaushalt durcheinander geraten. Ihre Mutter schleppte sie aus diesem Grund als junges Mädchen zu mehreren Ärzten. Sie musste die unangenehmsten Untersuchungen über sich ergehen lassen. Die Mutter meinte damals:

«Vielleicht bist du ja gar kein Mädchen, sondern ein Junge.»

Aber es stellte sich heraus, dass all die psychischen Belastungen, unter denen sie so furchtbar litt, die Ursache ihrer vielen Erkrankungen und ihrer Magersucht waren. Im Alter von zwanzig Jahren lernte sie einen sehr netten jungen Mann kennen. Sie erfuhr zum ersten Mal in ihrem Leben, was es heißt, geliebt zu werden.

«Ich fühlte mich plötzlich wie ein Vogel, der aus seinem Käfig herausgelassen wird. Völlig frei. Wir wollten heiraten. Können Sie sich vorstellen, was das für mich bedeutete? Ich war überglücklich.»

Doch erneut setzten die Eltern sie unter Druck.

«Du wirst diesen jungen Mann auf keinen Fall heiraten.»

Doch sie wehrte sich. Diese neue Freiheit wollte sie sich nicht nehmen lassen. Als die Eltern sie wieder einmal unter Druck setzen wollten, hatte Frau R. ihre Wohnungstür abgeschlossen. Sie öffnete auch nicht, als die Mutter draußen tobte und mit den Füßen dauernd gegen die Tür trat. Nein, sie wollte nicht aufmachen. Da hörte sie, wie die Mutter zum Vater sagte:

«So, wir fahren jetzt zu den Eltern des jungen Mannes.»

Sie erfuhr nie etwas von diesem Gespräch, aber die Eltern mussten ihre Tochter in einer Weise schlecht gemacht haben, dass die Beziehung daran zerbrach.

Auch eine spätere zweite Freundschaft ging auf Grund der Abneigung der Eltern in die Brüche. Sie wollten ihre Tochter auf keinen Fall hergeben und auch nicht als billige Arbeitskraft verlieren, denn sie diente im Hause der Eltern. Sie musste alle Putz- und sonstigen schweren Arbeiten verrichten und in allen Dingen der Mutter zur Hand gehen. Noch im Alter von siebenundzwanzig Jahren wurde sie geschlagen und hart gezüchtigt. Vor neun Jahren starb der Vater. Seitdem muss Frau R. für die Mutter sorgen, die den Betrieb des Vaters weiterführt. Die Mutter möchte natürlich gerne, dass die Tochter zu ihr ins Elternhaus zurückzieht und ihre eigene Wohnung aufgibt. Gleichzeitig stellt sie auch noch Bedingungen:

Die Tochter soll nur für sie da sein. Freunde? Nein, die brauche sie nicht, die kommen hier nicht ins Haus, und das Zimmer solle sie so mit den Möbeln übernehmen, wie es ist.

«Ich will nicht, dass hier etwas verändert wird. Deine eigenen Möbel kannst du dann verkaufen. Und das Telefon darfst du auch nicht benutzen, das kostet nur unnötiges Geld.»

Wir waren entsetzt, als wir hörten, in welcher Weise die Tochter heute noch unterdrückt wird. Wie kann eine Mutter ihr Kind nur so beherrschen wollen?

Daraufhin hatte sich die Tochter vor einigen Wochen eine Wohnung etwas entfernter vom Elternhaus genommen. Doch seitdem versucht die Mutter die Tochter durch Selbstmorddrohungen zu erpressen.

«Ich bringe mich um, wenn du nicht zu mir ziehst. Du bist dann schuld an meinem Tod.»

Diese Belastung erdrückte Frau R. schier.

«Wie gut, dass Sie gekommen sind», sagte ich nur. «Lassen Sie uns beten. Jesus weiß Hilfe, wie Sie endlich frei werden können. Vertrauen Sie ihm.

Er wird Ihre Verletzungen heilen. Er hat Ihren weiteren Weg ja längst bereitet.»

So brachte sie ihre ganze Not vor Jesus, und der Heilige Geist wirkte so mächtig, dass sie ihrer Mutter all die Demütigungen, die Verletzungen, die Schläge und alles, was sie ihr angetan hatte, vergeben konnte. Sie ließ ihre ganze Vergangenheit los.

So durften wir ihr im Namen Jesu Christi Vergebung zusagen. Er zeigte im Gebet einen neuen Weg in die Freiheit, indem er mir eine christliche Einrichtung vor Augen hielt. Sollte sie da vielleicht sogar als Mitarbeiterin eintreten? Sie horchte gespannt auf und wollte sich dort auf jeden Fall bewerben, aber da war noch etwas, was sie belastete.

«Jetzt, nach elf Jahren, habe ich meinen ersten Freund wieder getroffen», erzählte sie. «Er ist inzwischen verheiratet, aber die Zuneigung zueinander besteht nach wie vor. Er besucht mich ab und zu, ruft auch manchmal an, es ist auch schon zum Austausch von Zärtlichkeiten gekommen. Wir haben beide ein schlechtes Gewissen.»

«Aber genau das ist ein gutes Zeichen dafür, dass Sie beide Gottes Gebote kennen und wissen, was auf dem Spiel steht. Bitte widerstehen Sie der Versuchung, in seine Ehe einzudringen. Andererseits meine ich, wenn Sie es beide bei einer geschwisterlichen Freundschaft belassen können, wird Gott nichts dagegen haben. Ich darf Ihnen aus eigener Erfahrung versichern, eine reine, treue Freundschaft ist etwas sehr Kostbares.»

Oh, wie war sie erleichtert. Man sah es ihr direkt an. Ihre Gesichtszüge waren gelöst, ihre Haltung ganz entspannt. Wir konnten Gott nur loben und ihm danken für das, was er an ihr getan hatte.

Ja, ich hatte den Eindruck, sie war wirklich frei geworden und wird im Vertrauen auf Jesus ihren Weg finden. Überglücklich fuhr sie nach Hause.

∽

«Sie sind doch Frau Anton, nicht wahr? Darf ich Sie bitte mal einen Moment sprechen?» hielt mich ein Mann auf, gerade als ich im Begriff war, den Saal zu betreten, in dem ich einen Vortrag über Gebet halten sollte.

Erstaunt sah ich auf. Da stand ein Mann – etwas kleiner als ich – mit funkelnden schwarzen Augen vor mir und fragte: «Kennen Sie eigentlich die Bibel? Wissen Sie, was im 5. Buch Mose steht?»

Ich war völlig irritiert und musste erst einmal tief Luft holen, denn auf so ein Gespräch war ich natürlich in dieser Situation nicht vorbereitet.

«Wieso, was ist denn, weshalb fragen Sie mich?»

Und laut redete er auf mich ein, ich hätte wohl keine Ahnung von der Bibel, sonst würde ich es nicht wagen, als Frau hier in Hosen zu erscheinen.

Vorübergehende Leute hatten dieses lautstarke Gespräch mitbekommen. Sie mischten sich ein und wollten mich rechtfertigen. Es gab eine heftige Diskussion, und sie wiesen den Mann zurecht, der daraufhin aufgefordert wurde, das Haus zu verlassen. Ich allerdings – innerlich sehr erregt – konnte mich nur zu Jesus retten.

«Bitte, Herr, hilf du, ich stehe hier in deinem Auftrag, dich zu bezeugen, deine Herrlichkeit zu verkündigen. Bitte wirke du, mach mich frei von aller Erregung. Ich lege dieses Erlebnis jetzt bei dir ab. Bitte, Herr Jesus, mach mich ganz frei, und fülle mich stattdessen mit deinem Heiligen Geist. Dass du durch mich redest, dass du deine Worte in meinen Mund legst und die Leute dich hören und nicht mich. Bitte, Herr, schenke mir wieder deinen tiefen Frieden. Ich möchte ein Zeugnis deines Wirkens sein.»

Während ich betete, war der Leiter dieser Veranstaltung dem Mann nachgegangen. Er fand ihn vor der Tür stehend. Der Mann versuchte, die hereinströmenden Besucher vom Vortrag fern zu halten. Der Leiter sprach ihn an:

«Sagen Sie, wer sind Sie eigentlich? Wie ist Ihr Name?»

Darauf der Mann:

«Ich bin, der ich bin.»

Wir waren tief erschüttert, als wir das hörten. Es ist doch unglaublich, sich selbst mit dem Namen des allein heiligen Gottes zu bezeichnen. Was ist das für eine Gotteslästerung, für eine Anmaßung. Und unser erster Verdacht, dass dieser Mann nur vom Gegenspieler Gottes geschickt sein konnte, fand in dieser Antwort seine volle Bestätigung. Da geriet allerdings unser Leiter in Zorn und drohte die Polizei zu holen, wenn er nicht sofort verschwinden würde. Endlich trat Ruhe ein. Ja, unser Herr hat eingegriffen, er hat unsere Gebete erhört und die Leute gepackt, dass sie nur staunen konnten über das Wirken unseres Herrn.

Ja, so ist unser großer Gott.

Ich kann immer nur aus tiefstem Herzen Dank sagen.

Aber die Geschichte geht noch weiter. Gott schenkte eine wunderbare Erklärung dieses Streitpunktes. Er hat Klarheit gebracht.

Mich ließen natürlich diese Vorwürfe, die der Mann mir gemacht hatte, nicht los. Wo steht das genau in der Bibel?

5. Buch Mose, hatte er gesagt. Ich entdeckte die Stelle, auf die er sich berufen hatte, in Kapitel 22,5.

Und was steht da? Schauen Sie einmal genau hin. «Eine Frau soll nicht Männersachen tragen und ein Mann soll nicht Frauenkleider anziehen, denn wer das tut, ist dem Herrn, deinem Gott, ein Gräuel.»

Aha, das fand ich hochinteressant. Männersachen steht da, in anderen Ausgaben heißt es Männerkleidung. Und ich fragte mich, tragen wir denn heute die Kleidung, die damals und auch zu Jesu Zeiten von Männern getragen wurde?

Eben nicht! Jesus trug ein Obergewand, das in einem Stück gewebt war. Und auch von Johannes dem Täufer wird gesagt, dass er ein Kleid aus Kamelhaar trug, das mit einem Ledergürtel zusammengehalten wurde. Tatsache ist also, dass die Männer damals keine Hosen trugen.

Ich war unendlich dankbar über diese Erkenntnis, und mir wurde wieder einmal bestätigt: In der Bibel finden wir eine Antwort auf jedes menschliche Problem.

Ja, sie hat eine Antwort auf jede Frage, die uns beschäftigt. Es wird mir immer wichtiger, treu und fest am Wort zu bleiben, von daher zu leben, das Wort Gottes im Herzen zu tragen, damit es mir nicht geht wie jenen Pharisäern und Schriftgelehrten in Markus 12,24, denen Jesus sagen musste: «Ihr irrt, weil ihr weder die Schrift kennt noch die Kraft Gottes.» Und in Vers 27 sogar: «Ihr irrt sehr.»

Ich habe große Sehnsucht danach, immer mehr aus seinem Wort zu lernen, immer fester in ihn hineinzuwachsen.

3. Gott verändert uns

Eines Tages kam Nanni, eine alte Freundin, zu mir. Aufgeregt fragte sie:

«Hast du Zeit? Ich würde so gerne einmal mit dir beten; ich werde meinen Ärger nicht los.»

«Nanu, was quält dich denn?» fragte ich.

«Ich war am Sonnabend in der Firma, aber wie es so oft der Fall ist: Wegen einer Lappalie entstand zwischen einem Abteilungsleiter, seiner Mitarbeiterin und mir ein Streit. Es war etwas schief gelaufen, und keiner wollte es gewesen sein. Weißt du, da kommt man schon am Wochenende in die Firma, und dann wird man auch noch beschuldigt. Nein, das habe ich mir nicht gefallen lassen. Dementsprechend zornig habe ich reagiert. Ich war so erregt, dass ich am Sonntag meine ganze Wohnung geputzt habe, um irgendwo und irgendwie meine Wut rauszulassen.»

Ich war sehr betroffen und sagte: «Komm, wir wollen das alles vor Jesus bringen, damit du wieder Frieden im Herzen hast.»

«Ja, deshalb bin ich ja gerade gekommen, denn ich muss Jesus um Vergebung bitten, weil ich das dritte Gebot nicht gehalten habe. Aber ich muss auch meine Schuld dem Abteilungsleiter und der Mitarbeiterin gegenüber bekennen, weil ich so heftig reagiert habe.»

So breitete sie ihre ganze Schuld vor Jesus aus und bat ihn, er möchte doch gnädig sein und ihr diese Vergehen nicht mehr anrechnen, so dass ich ihr zusagen durfte:

«Im Namen Jesu, er hat dir diese Sünde vergeben, er hat sie von dir genommen. Im Namen Jesu bist du frei. Denn er sagt ja in Johannes 20,23 zu seinen Jüngern: ‹Welchen ihr die Sünden erlasst, denen sind sie erlassen; und welchen ihr sie behaltet, denen sind sie behalten.›»

Aber nach zwei Tagen meldete sie sich schon wieder.

«Kann ich noch einmal kurz zum Beten kommen? Ich habe nämlich nur die halbe Wahrheit gesagt, und das quält mich seit unserem letzten Gebet.»

Also kam sie und beichtete.

«Ich habe seit Montag keine Ruhe gefunden. Ich hatte nämlich zu mir selbst gesagt: Ich muss jetzt meinen Zorn und meine Wut irgendwo ablassen, also reinige ich meine ganze Wohnung. Ich weiß zwar, dass ich am Sonntag *bewusst* gegen Gottes Gebot verstoße, aber ich kann ihn ja hinterher um Vergebung bitten. Und er vergibt mir.»

Ich war ziemlich entsetzt.

«Nanni, wie kannst du nur bewusst Gottes Wort so missbrauchen? Kein Wunder, dass er dir keine Ruhe gelassen hat. So kannst du Gott nicht vor deinen Karren spannen. Diese Falschheit musst du schon selbst vor ihn bringen und ihn wirklich um Vergebung bitten. Sagt er doch ganz klar in seinem

Wort in Johannes 8,11: ‹Sündige hinfort nicht mehr.›»

Unter Tränen gestand sie ihre Schuld. Ja, diese Reue war echt. Danach ist sie wirklich frei geworden. Wir konnten nur danken, dass Gott uns so lieb hat und so an uns arbeitet.

∾

Das durfte auch Frau L. erleben. Ja, Gott lässt uns nicht so, wie wir sind. Sondern er lehrt und formt uns durch sein Wort und hilft uns dadurch, mit unseren Alltagsproblemen fertig zu werden und den ehrlichen Weg zu gehen.

Frau L. rief mich eines Tages an und bat um Gebet. Sie hatte vor etwa anderthalb Jahren ihr Leben Jesus übergeben und eine wunderbare Befreiung von allen Bindungen der Vergangenheit erfahren. Seitdem hatten wir oft Kontakt und haben gemeinsam alle weiteren Probleme immer wieder vor Jesus gebracht. Jetzt klagte sie:

«Ich habe Kopfschmerzen, Frau Anton, irrsinnige Kopfschmerzen. Ich kann in der Nacht kaum mehr schlafen. Es geht schon etliche Tage so. Was soll ich nur tun? Ich habe schon gebetet, aber sie gehen nicht weg.»

«Stimmt in Ihrer Familie irgendetwas nicht? Haben Sie Auseinandersetzungen mit Ihrem Mann oder den Kindern?» fragte ich vorsichtig.

Aber sie verneinte, es schien alles in Ordnung zu sein. Früher hatte sie oft Kopfschmerzen gehabt, aber Jesus hatte sie geheilt. Warum waren sie nun wiedergekommen, fragte ich mich und im Herzen Jesus.

«Versuchen Sie bitte genau zu überlegen: Seit wann haben Sie diese Kopfschmerzen?»

«Seit drei Tagen», war ihre Antwort.

«Und was war vor drei Tagen?» fragte ich hartnäckig.

Nach einigem Zögern sagte sie:

«Nun ja, eine Kleinigkeit, aber das kann es nicht sein. Ich habe eingekauft. Als ich später zu Hause den Kassenzettel mit der Ware verglich, stellte ich fest, dass zwei Tüten Milch und fünf Becher Joghurt nicht abgerechnet worden waren. Ich hätte also eigentlich 6,50 DM mehr bezahlen müssen.»

«Und», fragte ich gespannt, «wie haben Sie gehandelt? Sind Sie zurückgegangen und haben das richtig gestellt und nachbezahlt?»

«Aber nein», kam die Antwort. «Ich war doch schon zu Hause. Was hätten die denn im Geschäft gedacht, wenn ich da extra zurückgegangen wäre? Sie hätten mich doch für verrückt gehalten.»

«Ja», meinte ich, «die Menschen vielleicht, aber wie sieht die Sache denn vor Gott aus? Da ist das doch Betrug. Sünde ist Sünde vor ihm. Ganz egal, ob es sich um ein großes Delikt oder nur um eine Kleinigkeit handelt. Vor Gott zählt das nicht. Vor ihm ist alle Sünde gleich wichtig. Was ist Ihnen denn wichtiger, die Meinung der Menschen oder was Gott über Sie denkt? Was steht denn in Psalm 56,5 und auch 56,12: ‹Auf Gott will ich hoffen und mich nicht fürchten. Was können mir Menschen tun?›»

«Ja, was mach ich denn jetzt?»

«Wir werden beten, und Sie bekennen Jesus diese Sünde, und dann werden Sie in das Geschäft gehen und diesen Betrag begleichen, damit Ihre

58

Beziehung zu unserem Herrn nicht mehr blockiert ist.»

«Ja», sagte sie, «ich sehe ein, dass ich falsch gehandelt habe. Ich werde ins Geschäft gehen und die Sache in Ordnung bringen. Mir ist wichtiger als alles andere, dass ich wieder ein reines Gewissen habe.»

Sie bekannte Jesus ihre Schuld, und so durfte ich ihr in seinem Namen zusagen: «Ja, Jesus hat diese Schuld jetzt auf sich genommen. Er hat die Strafe schon bezahlt. Im Namen Jesu, Sie sind frei.»

Anschließend beteten wir für ihre Kopfschmerzen und baten Jesus, auch die zu heilen, damit sie nachts wieder ruhig in seiner Geborgenheit und seinem Frieden schlafen könne. Sie war doch sehr erleichtert. Und wir waren einmal mehr bewegt darüber, wie sehr scheinbare «Kleinigkeiten» uns Menschen den inneren Seelenfrieden beeinträchtigen und sogar ganz rauben können.

Aber da war noch etwas, das Frau L. quälte. Sie erzählte, dass vor etlichen Monaten ihr Auto kaputt gegangen sei. Ihr Mann hatte es in einer Werkstatt reparieren lassen. Als er die Rechnung bar bezahlte, bekam er fünfzig Mark zu viel heraus, weil zwei Scheine zusammenklebten. Der Händler hatte dieses Versehen nicht bemerkt, und Herr L. freute sich. Seine Frau machte ihm deswegen aber Vorhaltungen:

«Die fünfzig Mark musst du ihm zurückbringen, das ist doch Betrug.»

«Aber nein», war seine Antwort. «Soll er doch besser aufpassen. Diese fünfzig Mark behalte ich. Es geht uns sowieso schlecht, wir haben wenig Geld, die können uns gerade gut tun.»

Damit war für ihn die Sache erledigt. Frau L. war allerdings sehr beunruhigt. Ich riet ihr, sie möge doch noch einmal ernsthaft mit ihrem Mann darüber reden. «Er wird es nicht tun, ich kenne ihn», war ihre Antwort. «Er hält mich für verrückt.»

«Dann würde ich an Ihrer Stelle hingehen und diesen Betrag bezahlen. Vorausgesetzt natürlich, dass Sie die fünfzig Mark überhaupt erübrigen können.»

Es verging eine Woche, dann rief Frau L. wieder an.

«Oh, Frau Anton, ich bin so erleichtert, ich bin in das Geschäft gegangen und habe erklärt, dass die Milch und der Joghurt nicht abgerechnet worden waren. Die Kassiererin, der damals dieser Fehler unterlaufen war, saß diesmal nicht an der Kasse. So bin ich zu einer anderen Verkäuferin gegangen, doch die fragte mich gleich, ob es eine blonde Dame gewesen sei. Ich bejahte das und habe den fehlenden Betrag erstattet.»

Aus dieser Antwort erkannten wir beide, dass im Geschäft über diesen Fehlbetrag gesprochen worden war. (Vielleicht war der Kassiererin ja aufgefallen, dass sie etwas nicht berechnet hatte – aber da war Frau L. wohl bereits aus dem Geschäft gewesen.) Die Verkäuferin bedankte sich bei Frau L., dass sie so ehrlich war.

Was war das für ein Zeugnis! Sie aber ist unendlich erleichtert, und die Kopfschmerzen sind seitdem auch weg.

«Aber dann noch etwas, Frau Anton, anschließend bin ich in die Autowerkstatt gefahren, weil ich die fälschlich herausgegebenen fünfzig Mark zurückbringen wollte. Als ich dort ankam, sah ich

ein Schild an der Tür hängen: Ab zehn Uhr geöffnet. Es war zehn Minuten vor zehn, als ich dort
war. So blieb ich in meinem Auto und wartete. Die
Zeit verging, doch niemand erschien. Endlich stieg
ich aus und drückte den Türgriff nach unten. Es
war noch abgeschlossen. Ich ging über den Hof
zur Werkstatt, auch dort war niemand. Danach
fragte ich im Nachbarhaus, ob diese Werkstatt
nicht mehr in Betrieb sei.»

«Oh doch», war die Antwort, «jeden Tag ab
zehn ist geöffnet.»

Frau L. wartete noch eine Weile, aber niemand
kam. Dann fuhr sie weg, denn nun musste sie auch
beruflichen Verpflichtungen nachgehen.

«Was mach ich jetzt nur, Frau Anton», war die
unsichere Frage. «Soll ich noch einmal dahin fahren?»

«Lassen Sie uns beten» sagte ich ihr. Wir baten
Jesus um Hilfe und Wegweisung in dieser schwierigen Situation – doch was war das? Warum stand
mir plötzlich Abraham vor Augen? Und zwar die
Opferung von Isaak in 1. Mose 22 ...?

Was hatte das zu bedeuten? Mir wurde schlag-
artig bewusst, Gott erwartete von Abraham, dass
er seinen Sohn opferte, um seinen Glauben zu
prüfen. Doch als Abraham diesen Gehorsamsschritt vollziehen wollte und das Messer zog, griff
Gott ein und sagte: «Nein, tu es nicht.»

Der Herr hatte nämlich erkannt, dass Abraham
bereit war zu tun, was der Herr von ihm erwartete.

Hier sah ich plötzlich eine Parallele zu Frau L.
Sie hätte es zwar nicht tun müssen, aber sie beugte
sich unter die Schuld ihres Mannes, fuhr ins Geschäft und war bereit, die fünfzig Mark zu bezahlen. Doch sowohl der Laden wie auch die Werk-

statt waren geschlossen, obgleich die Öffnungszeit längst überschritten war.

Insoweit war sie gehindert, das Geld abzugeben. Gott hat also ihre Bereitschaft gesehen, die Schuld ihres Mannes auf sich zu nehmen, um nach Gottes Gebot ein ehrliches Leben zu führen.

Ich denke, das genügte Gott. Deshalb brauchte sie – genau wie Abraham – diesen Gehorsamsschritt nicht zu vollziehen. Meiner Meinung nach ist diese Sache für sie jetzt erledigt. «Nun trägt Ihr Mann allein die Verantwortung», durfte ich ihr zusagen, «und muss sehen, wie er damit fertig wird.»

Sie war sehr getröstet und gestärkt und hatte ihren Frieden jetzt wiedergefunden.

Wir konnten Gott nur loben und danken für seine wunderbare Führung.

Was ist das für ein Gott! Ihm allein sei alle Ehre.

Eine ähnliche Situation wie die eben geschilderte erlebte ich Anfang dieses Jahres. Ich wollte mit einem befreundeten Ehepaar auf die Insel Sylt fahren.

Sylt ist die nördlichste der nordfriesischen Inseln und nahe der dänischen Grenze gelegen. Mit Schleswig-Holstein ist sie durch einen festen, fünf Kilometer langen Damm verbunden. Die Überfahrt mit dem Auto ist sehr teuer. Deshalb lassen kurzfristige Besucher der Insel meist ihr Auto auf dem Festland in Klanxbüll stehen und steigen dort in den Zug nach Westerland um. So hatten auch wir es geplant. Meine Freundin versuchte am Automaten die Fahrscheine zu lösen, doch es gelang ihr nicht. Immer wieder kam der Zehn-Euro-Schein statt der gewünschten Fahrkarten heraus. Da hörten wir schon den Zug kommen, und ich rief:

«Komm, lass es, wir steigen ein und lösen die Fahrkarten im Zug.»

Wir schafften es gerade noch, den Zug zu erreichen, doch kein Schaffner kam durch den Wagen, bei dem wir die Fahrkarten hätten kaufen können. Also sagte ich meinen Freunden, als wir in Westerland angekommen waren:

«Bitte wartet einen Moment, ich gehe mal eben an den Schalter und löse die Karten nach.»

Ich ging dorthin und sagte dem Beamten lachend:

«Wir sind eben schwarz gefahren, ich möchte die drei Fahrkarten nachlösen, da wir im Zug keine Gelegenheit dazu hatten. Bitte geben Sie mir auch gleich die drei Fahrscheine für die Rückfahrt mit.»

Staunend hob der Schalterbeamte den Kopf. «Wieso ist das ungewöhnlich?» fragte ich mich im Stillen. Sollten etwa die meisten Reisenden die fehlende Kontrolle der Bahn ausnutzen?

Wir aber zogen unbeschwert davon und konnten den Tag auf der Insel genießen.

Kurze Zeit danach hatten wir in einer Gruppe in einer Stadt nahe bei Klanxbüll ein Gespräch, in dem auch die Versuchungen des Feindes und die Sünde ganz generell zur Sprache kamen. Meine erlebte kleine Geschichte passte genau zu diesem Thema, also erzählte ich sie. Worauf eine der Teilnehmerinnen, die in Westerland wohnt und oft diese Strecke fährt, erschrocken reagierte:

«Weißt du, Helga, das ist mir schon oft passiert. Auf diesem letzten Ende vor Westerland kommt selten ein Kontrolleur durch die Wagen. Jedes Mal, wenn ich in Westerland ohne Fahrschein angekommen bin, habe ich gesagt: Danke, Herr Jesus, dass du mir diese Fahrt geschenkt hast.»

Schallendes Gelächter in der ganzen Gruppe.

«Mädchen», konnte ich nur sagen, «glaubst du wirklich, dass der Herr unsere Unterlassungen gutheißt und sogar als Geschenke verteilt? Da irrst du dich aber gewaltig. Gott ist die reine Wahrheit, und geh du mal darüber in die Buße.»

Sie war doch sehr nachdenklich geworden, und sicher wird Gott ihre Umkehr segnen.

Ich wundere mich immer wieder, wie oft wir Menschen gerade im alltäglichen Leben leichtfertig mit Gottes Wahrheit umgehen. Hüten wir uns doch davor, sie so zu benutzen, wie es uns gerade gefällt. Nehmen wir sein Wort doch ernst, denn Jesus steht zu seiner Wahrheit. Seine Verheißungen sind feste Zusagen, auf die wir uns verlassen können. Allein in seinem Namen liegt der Sieg über alle Gewalt des Feindes.

4. Sieg im Namen Jesu

Das durften wir erleben, als das Ehepaar A. mit seinem neunjährigen Sohn Sven zum Gebet kam. Er leidet seit frühester Kindheit unter schwerem Asthma. Auf meine Rückfrage erklärten mir die Eltern, dass alle okkulten Belastungen der Familie in früheren seelsorgerlichen Gesprächen und Gebeten gelöst worden wären.

Doch es stellte sich heraus, dass Sven zwei negative Prophetien belasteten, die gerade in seiner Situation von entscheidender Wichtigkeit waren. Ein Arzt hatte ihm nämlich erklärt:

«Du wirst dein Asthma nie loswerden.»

Während ein anderer Arzt noch sagte:

«Du wirst niemals ganz gesund werden.»

Diese beiden Aussagen lagen wie eine schwere Last auf dem Jungen und hielten ihn gefangen. Er und seine Eltern waren voller Angst, denn seine Asthma-Anfälle verliefen derart dramatisch, dass dieses Kind zu ersticken drohte.

«Lassen Sie uns erst einmal beten und dem Herrn danken, dass er Sie auf dieser langen Fahrt beschützt hat», meinte ich. Danach stellten wir uns alle und unsere Angehörigen unter den Schutz des heiligen Blutes Jesu, denn diese beiden negativen Aussagen waren bestimmt nicht in Gottes Willen. Nein, hier hatte eine andere Macht ihre Hand im Spiel. Danach banden wir im Namen Jesu diese beiden negativen Aussagen der Ärzte, und Sven sagte sich im Namen Jesu los davon. Nun konnten endlich diese Prophetien im Namen des Herrn widerrufen werden.

«Ja, Herr, in deinem Namen ist Sven jetzt frei, du bist der beste Arzt, wir vertrauen dir. Du wirst ihn heilen von diesem furchtbaren Asthma. Du wirst ihn wieder gesund machen, denn er ist dein geliebtes Kind. Danke, Herr Jesus, für alles, was du an ihm tun wirst.»

Und die Fesseln, die ihn gefangen hielten, fielen von ihm ab. Doch da – plötzlich während des Betens – bekam er einen heftigen Anfall. Es war, als wenn der Feind ihn schüttelte. Er rang nach Luft, hustete furchtbar. Sein Vater geriet in Panik.

«Schnell», rief er seiner Frau zu, «lauf zum Auto, hole das Inhaliergerät, der Junge erstickt uns sonst noch.» So beängstigend war dieser Anfall. Was trieb mich nur, plötzlich «Nein!» dazwischenzurufen? «Wir werden beten.» Bestimmt war es die Gegenwart Jesu. In seinem Namen gebot ich den Mächten des Asthmas, von Sven zu weichen. «Im Namen Jesu Christi, weicht von dem Jungen, geht dorthin, wo Jesus euch längst den Platz zugewiesen hat.»

In dieser erregten Situation blieb plötzlich der Husten weg, ja, nicht nur das, Sven konnte wieder atmen, tief und frei durchatmen. Völlig entspannt saß er plötzlich da. Sein Vater schaute ihn fassungslos an.

«Du kannst atmen? Du bist frei?»

Und arglos, als wenn nichts gewesen wäre, strahlte Sven seinen Vater an.

«Ja», sagte er mit der größten Selbstverständlichkeit. Ich konnte kaum die Tränen unterdrücken, so erschütternd war die Situation.

Aber der Junge war wirklich frei. In tiefer Dankbarkeit und überglücklich fuhr die ganze Familie ab.

Später erfuhr ich, dass der Feind auf der Heimfahrt noch einmal zuschlagen wollte. Sven bekam wieder einen Anfall, und die erlebte Szene wiederholte sich fast. Der Vater rief erregt wieder nach dem Inhaliergerät, und diesmal rief Svens Mutter: «Nein, ich werde jetzt beten.» Unter dem Schutz des Blutes Jesu gebot sie den Mächten des Asthmas im Namen Jesu, von Sven zu weichen, und sie mussten ihn wieder loslassen. Der Husten wich, das Kind konnte wieder frei und entspannt durchatmen, die Familie konnte ungehindert ihre Fahrt fortsetzen.

Ja, so ist unser Herr. Wir können ihm gar nicht genug danken, dass er immer bei uns ist, hilft und heilt. Er ist immer stärker als alles, was existiert.

Oh, was haben wir für einen wunderbaren Gott. Ihm allein sei Ehre und Dank.

Ich bin immer wieder erschüttert, wenn ich erfahre, wie brutal Menschen mit Flüchen belegt werden und dadurch gebunden sind. Sie leben oft wie im Gefängnis, voller Angst und ohne jegliches Selbstvertrauen. Sie sind völlig verunsichert. Schlimm ist es, weil sie sich selbst nicht annehmen können, so dass ihr Leben ihnen nicht mehr lebenswert erscheint. Schließlich resignieren sie.

So erging es dem kleinen Sigi. Ich hatte ihn vor einigen Jahren etliche Male gesehen, ein fröhliches, aufgewecktes Kind. Deshalb war ich sehr erstaunt, als seine Mutter mich voller Verzweiflung anrief, um mit ihm zum Gebet zu kommen. Ein schlanker, lang aufgeschossener Junge trat mir entgegen, sein Kopf war gesenkt, sein Körper nach vorne gebeugt, ein lascher Händedruck, und er setzte sich nur auf die äußerste Kante des Sessels. «Was ist nur aus diesem munteren Jungen geworden?» fragte ich mich verwundert. Er schwieg, und die Mutter erzählte.

Er besuchte eine Realschule, doch ein Lehrer konnte Sigi nicht leiden. Woher diese Abneigung kam, ließ sich nicht mehr feststellen, nur – die Arbeiten fielen immer schlechter aus, und er wurde oft getadelt. Bekam er früher gute Noten, so kam er jetzt mit Fünfen und Sechsen nach Hause. Er zweifelte an sich selbst und schämte sich sehr. Der Lehrer aber erkannte die Not des Jungen nicht, sondern schimpfte:

«Du bist ein völliger Versager, du bist dümmer als ein Margarinekarton.»

Außerdem fuhr er das Kind oft an:

«Du gehörst gar nicht auf diese Schule, du solltest auf eine Sonderschule gehen.»

Wenn Sigi sich meldete, kam er gar nicht erst zu Wort.

«Halt' nur deinen Mund. Was du sagst, ist sowieso falsch.»

Es ist doch nur zu verständlich, dass Sigi nach so einer niederschmetternden Beurteilung, die ihn derart belastete, schließlich gar nicht mehr wagte, noch etwas zu sagen. Ihm wurde ja doch gleich das Wort abgeschnitten. Nein, da schwieg er lieber und zog sich in sich selbst zurück. Die Eltern schickten ihn wegen der schlechten Noten zum Nachhilfe-Unterricht, doch dieser Lehrer sagte:

«Er kann ja alles, er schreibt alles fehlerfrei.»

Man kann wirklich verstehen, dass unter solchen Umständen im Elternhaus keine Fröhlichkeit mehr herrschte, sondern nur noch bedrückendes Schweigen. Jetzt hatten die Eltern Sigi von dieser Schule abgemeldet, so dass er von nun an eine andere Realschule besucht. Ich legte meine Hand auf Sigis Schulter und sagte:

«Sei ganz getrost, Jesus hat dich lieb. Deshalb lass uns jetzt beten, damit er dich ganz frei macht von all dem, was dieser Lehrer über dich gesagt hat.»

Wir stellten uns als Erstes unter den Schutz des heiligen Blutes Jesu und baten, dass unser Herr uns im Gebet führen möchte. Er schaut ja ins Verborgene und wusste um all diese negativen Aussagen.

«Du lässt nicht zu, Herr Jesus, dass dieses Kind durch all diese furchtbaren Flüche so gefesselt ist. Du hast in deinem Wort gesagt: ‹Was ihr auf Erden binden werdet, soll auch im Himmel gebunden sein, und was ihr auf Erden lösen werdet, soll auch im Himmel gelöst sein› (Matthäus 18,18). So binden wir jetzt in deinem Namen all diese negativen Äußerungen, die wie ein Damoklesschwert über Sigi hängen. Ja, wir binden all diese Aussagen: ‹Du bist ein Versager› – ‹Du bist dümmer als ein Margarinekarton› – ‹Du gehörst nicht auf diese Schule, sondern auf eine Sonderschule› – ‹Halt nur deinen Mund. Was du sagst, ist sowieso falsch.›»

Mit scheuer, leiser Stimme sagte Sigi sich los von jeder dieser Prophetien, und im Namen Jesu widerriefen wir jede einzelne. Sie hatten jetzt keine Gültigkeit mehr, sie konnten ihn nicht mehr gefangen halten. Nein, wir durften ihm zusagen:

«Jesus schaut dir ins Herz, du bist nicht dumm. Er hat dir gute Gaben gegeben, und er wird dir auch in der Schule helfen. Du bist kein Versager. Er sieht doch deinen Weg längst vor sich, und glaub uns, Jesus hat immer das Beste für uns bereit.»

«Bitte, Herr, nimm Sigi alle Angst, und schenke ihm Sicherheit, so dass er wieder Freude hat, sich am Unterricht zu beteiligen. Du wirst ihm helfen, in der Schule mitzukommen, und wirst ihn durch deinen Heiligen Geist leiten. Bitte, Herr, löse die ganze Verkrampfung in ihm, damit dieses Kind endlich wieder frei ist.»

So konnten wir unserem Herrn nur noch danken, und ich wartete gespannt darauf zu erfahren, was Jesus an Sigi getan hatte. Einige Wochen danach hörte ich, dass er in der jetzigen Schule tatsächlich bessere Noten für seine Arbeiten bekommt, so dass er eines Tages zu seiner Mutter sagte:

«Weißt du, Mutti, jetzt erkenne ich, dass der Lehrer damals doch nicht Recht gehabt hat. Ich bin ja gar nicht dumm, ich bin ja gar kein Versager.»

Ja, endlich hatte er losgelassen, was ihn niedergedrückt hatte. So ist er frei geworden. Er hat wieder Vertrauen zu sich gefasst, aber vor allen Dingen zu unserem Herrn. Er hat Jesu Hilfe erfahren und weiß, er ist geliebt und anerkannt.

Dank sei unserem großen Gott.

∾

Wie ist es gut, wenn wir, statt Menschen zu demütigen, Jesu Liebe weitergeben. Da ist mir meine Freundin ein gutes Beispiel. Sie erteilt unter anderem Religions-Unterricht in einer Grundschule. Und manchmal erzählt sie von ihren Unterrichtsstunden.

Eines Tages kommt nach dem Unterricht der größte Rowdy der Klasse auf sie zu und sagt: «Sie müssen sich beschweren.»

Sie sieht erstaunt auf und sagt: «Aber bei wem denn?»

«Na, Sie müssen zur Direktorin gehen und sich beschweren.»

«Aber warum denn, es liegt doch nichts Besonderes vor.»

«Nein?», sagt der Junge. «Ist das in Ordnung, dass wir, die wir doch jeden Tag mit Gott leben, nur zwei Stunden in der Woche Religions-Unterricht haben? Das geht doch nicht. Das muss geändert werden.»

Wir freuten uns beide, denn dieser Junge hatte begriffen, was es heißt, mit Gott zu leben. Doch eines Tages geriet er wieder außer Rand und Band, so dass eine Lehrerin, die in der Klasse unterrichtet hatte, ihn kaum zur Ruhe bringen konnte.

Sie sagte meiner Freundin, die die nächste Stunde unterrichten sollte: «Mit Max wirst du heute nicht fertig werden. Er macht wieder, was er will. Er ist nicht zu bremsen.»

Tatsächlich schien es so zu sein, und meine Freundin schickte ihn kurz entschlossen vor die

Tür. Allerdings, sie ging mit ihm hinaus. Sie fragte ihn ruhig: «Sag mal, Max, was ist heute mit dir los? Warum führst du dich so wild auf?»

Plötzlich war der Junge still und sagte: «Ich habe die Liebe verloren.»

Betroffen legte meine Freundin den Arm um ihn und tröstete ihn.

«Weißt du, genau darum ist Jesus in diese Welt gekommen.»

Und durch diesen Satz hatte der Junge seinen Frieden wiedergefunden.

Ja, die Liebe Jesu weitergeben, das ist unser Auftrag. Und diese Liebe trägt alles, was uns bedrängt. Durch seine Liebe werden wir frei von Sünde und Schuld – aber aus dieser Liebe heraus können wir auch dem vergeben, der uns wehgetan hat. Ja, Jesu Liebe macht unendlich frei.

∽

Eines Tages kam Tina, eine liebe Freundin, zum Gebet und erzählte.

«Meine Schwester Ines wird morgen operiert: Brustkrebs. Sie hat furchtbare Angst.»

«Komm, lass uns für sie beten. Hast du ihr das Evangelium gebracht?» fragte ich.

«Sie weiß ja um unseren Glauben und dass wir in unserer Gemeinde aktiv mitarbeiten. Davon habe ich natürlich erzählt», war die ausweichende Antwort.

«Hast du ihr ganz klar die frohe Botschaft gebracht und ihr erklärt, worauf es ankommt? Dass sie gerettet ist für die Ewigkeit, wenn sie Jesus als ihren Herrn hat, und sonst zur anderen

Seite gehört und für immer verloren ist?» fragte ich hartnäckig.

«Na ja», meinte sie zögernd, «sie sieht es ja bei uns.»

Bei so vagen Antworten gerate ich immer ein wenig in Erregung. Warum haben wir nur so oft nicht den Mut, ganz klar die Botschaft zu verkündigen und zur Entscheidung aufzufordern, frage ich mich immer wieder. Ich sagte Tina noch mal in allem Ernst, dass sie dazu verpflichtet ist. Ähnlich wie es in Hesekiel 3 ab Vers 16 steht. Danach beteten wir für Ines und die Operation: dass Jesus ihr alle Angst nehme und sie ganz geborgen und ruhig sei in ihm, dass die Operation gelinge und keinerlei Komplikationen entstehen würden, keine Infektion den Heilungsprozess verhindere und auch die Narkose richtig dosiert sei, damit keine Folgeschäden entstehen. Ja, wir baten um Schutz und Führung für alle an der Operation Beteiligten.

Jesus hatte alles in seiner Hand, und Tina war doch sehr erleichtert. Nach einer Woche hörte ich wieder von ihr. Die Operation war gut gelungen. Es sind keine Komplikationen aufgetreten, es ging ihrer Schwester schon verhältnismäßig gut. Nur eins machte ihr furchtbare Angst – die Nachbehandlung. «Was wird da wohl auf sie zukommen?» war Tinas verzweifelte Sorge.

Außerdem hatten sich über den Narben bis in die Achselhöhle hinein dicke Wülste gebildet, und die Ärzte rieten Ines zu einer weiteren Operation, um dieses wuchernde Narbengewebe wegzuschneiden. Aber sie lehnte diesen Eingriff ab und war daher ziemlich ratlos. Sie wollte nicht noch eine Operation über sich ergehen lassen. Ich wusste, da kann nur Jesus helfen. Also bat ich Tina:

«Hole mich morgen früh ab, dann werden wir zusammen ins Krankenhaus fahren und mit Ines beten. Jesus weiß ja, wie es mit ihr weitergehen wird.»

Als wir am nächsten Morgen ins Krankenhaus kamen, fanden wir Ines nicht in ihrem Zimmer vor. Sie war von dem Arzt zu einem Gespräch gerufen worden. Während wir also auf dem Flur auf sie warteten, beteten wir dafür, dass Jesus ihr Herz für seine rettende Botschaft öffnen möge.

Endlich kam eine weinende Frau den Flur entlang. Ich kenne Ines zwar nicht, aber als Tina sich erhob und ihr entgegenlief, ging ich natürlich mit. Sie war so in Tränen aufgelöst, dass ich sie nur in den Arm nehmen konnte und sagte:

«Wissen Sie, da kann nur Jesus helfen. Jesus hat Sie lieb. Er weiß um Ihre Sorgen, er wird Sie trösten, und er alleine kann Ihnen helfen.» Ich konnte sie nur in Jesu Liebe und Geborgenheit hineinbeten und spürte in meinem Arm, wie sie ruhiger wurde, wie die innere Erschütterung wich und die ganze Verkrampfung sich löste.

Der Arzt hatte ihr tatsächlich zu einer zweiten Operation geraten, um das wuchernde Narbengewebe wegzuschneiden wie auch das hühnereigroße Gewächs in der Achselhöhle. Doch sie wollte nicht noch eine Operation über sich ergehen lassen.

«Noch eine Narkose, wie soll mein Körper das nur verkraften?» fragte sie verzweifelt. «Nein, das kann ich nicht.»

«Kommen Sie», sagte ich, «lassen Sie uns beten.» Und wir breiteten vor Jesus ihre ganze Not und Sorge aus.

Plötzlich sagte sie: «Ich will mich um keinen Preis noch einmal operieren lassen. Aber es ist ganz typisch für mich: Alles was irgendwie schief gehen kann, alles was irgendwelche Nebenwirkungen hervorrufen könnte, das bekomme ich ab. All das muss *ich* immer durchstehen.»

«Halt, stopp!» reagierte ich. «Was haben Sie da eben gesagt? Das ist ein Fluch, den Sie sich selbst auferlegt haben. Der muss weg.»

Da mischte sich Tina ein und sagte: «Du hast doch auch früher einmal am Gläserrücken teilgenommen und dabei unseren Vater und den Bruder aus dem Totenreich hervorrufen wollen und hast angeblich mit ihnen gesprochen und ihre Stimmen erkannt.»

«Oh weh», sagte ich, «da haben Sie aber feindlichen Mächten Einlass gewährt und ein böses Einfallstor für alle weiteren feindlichen Mächte geöffnet. Das ist gegen Gottes Gebot. Sagt er doch ganz deutlich in 5. Mose, Kapitel 18, Vers 11, dass wir nicht die Toten befragen sollen, weil das dem Herrn ein Gräuel ist.»

Ines erschrak sehr und fragte erregt: «Wie kann ich denn nur von diesem Einfluss des Feindes loskommen? Gibt es eine Möglichkeit, dass ich wieder frei werde?»

«Aber ja», sagte ich, «nur durch unseren Herrn Jesus Christus.»

Ich erklärte ihr als Erstes in ganz einfachen Worten das ganze Evangelium, von dem Kommen unseres Herrn in diese Welt – um unserer Sünde willen, die uns von Gott trennt –, von seinem Opfertod am Kreuz und seiner Auferstehung zum ewigen Leben. Dann sprach ich von den bösen Mächten unter der Führung des Satans und den guten Mächten unter der Herrschaft Jesu, denn Jesus ist immer der Stärkere. Er hat die feindlichen Mächte besiegt, und allein in seinem Namen geschieht Befreiung. Er erlöst uns aus diesen Bindungen.

«Wollen Sie sich davon lossagen?» fragte ich sie. Nur zu gerne wollte sie das alles abgeben und endlich wieder frei werden. Als Erstes banden wir also im Namen Jesu diesen Fluch, den sie sich selbst auferlegt hatte. Wir baten Jesus, diese Ketten, mit denen sie gefesselt und gefangen war, zu zerbrechen. Sie sagte sich davon los, und im Namen Jesu Christi widerriefen wir den Fluch, so dass er keine Gültigkeit mehr für sie hatte. Jesus wird verhindern, dass sie all die eventuell in Frage kommenden Schwierigkeiten wieder ertragen muss, weil er der beste Arzt ist und sie wirklich schnell und auf unproblematische Weise heilen kann.

Wir konnten unserem Herrn nur danken, dass er das alles aufgedeckt hatte. Dann baten wir Jesus, auch diese Mächte des Okkultismus, der Totenbefragung und der Geisterbeschwörung zu binden und vernichtend zu schlagen, damit sie keinen Einfluss mehr auf Ines haben könnten. Als sie sich davon lossagte und gleichzeitig unseren Herrn um Vergebung bat, weil sie anderen Mächten vertraut hatte, spürten wir, wie die ganze Verkrampfung von ihr abfiel. Ja, sie hatte schwer unter dieser Last gelitten. So konnten wir jetzt im Namen Jesu Ines zusagen:

«Jesus hat Ihre Schuld und Sünde vergeben, Sie sind frei, und keine Macht im Himmel und auf Erden kann Ihnen daraufhin etwas vorhalten.»

Dann baten wir Jesus, Ines aus der geistigen Verbindung zu den Toten zu lösen, damit endlich dieses Einfallstor geschlossen ist. Auch diese Mächte mussten im Namen Jesu weichen. «Der Herr hat sie längst besiegt. Sie sind jetzt an dieser Flanke nicht mehr angreifbar. Jesus ist immer der Stärkere, und er wird auch Sie schützen und bewahren.»

Ines hatte während der ganzen Zeit sehr interessiert zugehört, so dass ich sie jetzt fragte:

«Sie haben doch erkannt, was Jesus für uns alle getan hat. Allein durch ihn sind wir errettet, so dass wir in der Ewigkeit nicht verloren sind, sondern bei ihm in seinem Reich ewig leben dürfen. Wollen Sie ihn nicht als Ihren Herrn annehmen und Ihr Leben in seine Hand legen? Denn nur hier auf Erden fällt die Entscheidung, wo wir die Ewigkeit zubringen werden: fern von Gott in der Verlorenheit oder mit unserem Herrn zusammen in seiner Herrlichkeit.»

Sie sagte mit Freuden: «Ja, er soll von nun an mein Herr sein.»

Ich sprach ihr ein Lebens-Übergabegebet vor, Zeile für Zeile sprach sie betend nach, so dass ich ihr am Ende zusagen durfte:

«Sie sind jetzt ein geliebtes Kind Gottes, und nichts und niemand kann Sie aus Jesu Hand reißen. Er wird Sie schützen und bewahren, lenken und leiten, heilen und mit Freude erfüllen nach seinem weisen Ratschluss. So wird er Sie auch durch diese schwere Zeit der Krankheit hindurchtragen. Sie brauchen keine Angst mehr zu haben, der Herr ist da, und er lässt Sie nicht mehr los.»

Wir konnten wirklich nur in tiefer Dankbarkeit beten: «Was bist du für ein Gott. Wie wunderbar sind deine Wege.»

Ihre Tränen waren längst getrocknet, und man spürte, sie war wirklich frei. Völlig entspannt ging sie in ihr Zimmer zurück.

Eine Woche verging, dann rief Tina wieder an. «Morgen bekommt Ines die erste Chemo. Sie hat vom Arzt ein Schreiben erhalten, in dem all die möglichen Nebenwirkungen aufgeführt sind. Das soll sie unterschreiben. Sie ist aber voller Angst und weiß nicht, was sie tun soll.»

Ich bat Tina: «Wenn du Zeit hast, dann komme doch gleich zu mir. Dann fahren wir gemeinsam zu ihr hin, um mit ihr zu beten. Ich denke, sie braucht dringend Hilfe, und nur der Herr weiß da Rat.» Nach einer halben Stunde holte sie mich ab, doch als wir an Ines' Haustür klingelten – sie war inzwischen aus dem Krankenhaus entlassen worden –, öffnete niemand.

«Sie wird doch nicht allein fortgegangen sein?» fragte ich mich besorgt, während Tina um das Haus herum in den Garten ging. Dort fand sie Ines bei der Arbeit. «Ich muss doch hier noch alles in Ordnung bringen, bevor ich die Chemo bekomme und es mir dann schlecht gehen wird», entschuldigte sie sich.

«Warum soll es Ihnen nach der Chemo schlecht gehen?» fragte ich sie traurig. «Vertrauen Sie doch auf den Herrn, er ist der beste Arzt, er wird Ihnen helfen. Sie brauchen keine Angst zu haben.»

Ich erzählte ihr einige Beispiele von Bekannten und Freunden, die die Chemo sehr gut vertragen hatten, bestimmt auch, weil wir jedes Mal davor gebetet hatten, dass Jesus die ganze Nachbehandlung in die Hand nehmen möge.

Einige von Ines' Bekannten hatten sie offensichtlich mit sehr negativen Erfahrungen bezüglich

Chemotherapie erschreckt. So war Ines schwankend geworden und war hin und her gerissen. Ihre Angst wurde noch durch den Bericht gesteigert, den der Arzt ihr gegeben hatte – eine Liste mit all den schrecklichen Dingen, die eventuell passieren könnten.

Ich tröstete sie: «Jesus hat gesagt, dass Gift uns nicht schaden kann (Markus 16,18). Und auf ihn allein verlasse ich mich. Also lassen Sie uns beten.»

Und wir legten Jesus die ganze Nachbehandlung hin: Er möchte es doch gelingen lassen, dass die Nadel für die Infusion gleich beim ersten Einstich richtig sitzt und nicht erst lange in einer Vene herumgestochert werden muss. Er möchte dem Arzt Weisheit schenken für die wirklich beste Zusammensetzung der Infusion. Alle Wirkstoffe, die ihr schaden oder gar Nebenwirkungen hervorrufen könnten, möge er doch unschädlich machen und stattdessen die Heilwirkung verstärken. Er kann verhindern, dass Übelkeit, Erbrechen oder sonstige Nebenwirkungen auftreten.

Doch was war das? Während wir noch beteten, tauchte im begrenzten Blickfeld meines Augenwinkels ein Buddha auf. Tatsächlich, hinten auf dem Sideboard stand so eine Figur. Mich ekelte und schüttelte es.

«Den hat mir meine Schwester aus Indien mitgebracht», erklärte Ines. Sie spürte meine innere Abwehr. Als sie mich fragte, antwortete ich nur: «Wenn ich an deiner Stelle wäre, würde ich das Ding wegwerfen. So einem Einfluss kann und mag ich mich nicht aussetzen. Da würde ich keine Ruhe finden.»

Ines hatte aber nach dem Gebet ihren Frieden wiedergefunden. Ja, sie lachte und scherzte sogar fröhlich mit uns, war ganz entspannt und frei. Sie lud uns sogar zum Mittagessen ein, und die Buddha-Figur landete unterwegs in einem Mülleimer. Ja, sie war sehr gestärkt und konnte am nächsten Morgen unbeschwert zur ersten Chemotherapie gehen. Wie war ich dankbar, als Tina mich am Tag darauf anrief und erzählte: «Bestens ist es mit Ines gelaufen! Die Nadel hat gleich beim ersten Einstich richtig gesessen, und auch sonstige Nebenerscheinungen sind nicht aufgetreten. Sie hat weder Übelkeit noch Kopfschmerzen verspürt, nein, es ging ihr ausgesprochen gut.»

Oh, was haben wir für einen wunderbaren Gott. Ich kann ihn immer wieder nur in tiefer Dankbarkeit staunend anbeten und loben. Diese Gewissheit, dass er immer bei uns ist und alle Dinge weiß, ist doch so unendlich tröstlich für uns. Er hilft bei schwerwiegenden Entscheidungen und Krankheiten wie bei Ines, doch auch bei leichteren Erkrankungen greift er ein. Er ist eben immer gegenwärtig.

Da kommt doch eines Abends unser Roland in die Gruppe und berichtet fröhlich:
«Ich muss euch erzählen, was Gott an mir getan hat.»
Ja, wir wussten um seine Schmerzen in der Hüfte. Einige Male hatten wir dafür gebetet, danach ließen die Schmerzen für einen kurzen Moment nach. Doch bald litt Roland wieder dermaßen, dass er nachts nicht mehr schlafen konnte. Seine Frau ist eine langjährige Arzthelferin in einer

gut gehenden Praxis, und der Arzt hatte ihm die besten Medikamente verordnet. Aber sie halfen genauso wenig wie die vom Orthopäden verabreichten Spritzen. Die Schmerzen blieben und quälten ihn besonders in den Nächten, so dass er oft kaum zur Ruhe kam.

«Da fällt mir doch plötzlich ein», erzählt er weiter, «dass ich in Helgas Buch – Beten ist Freude – gelesen habe: Sie legt die Tabletten Jesus hin und betet darüber, beruft sich auf sein Wort, dass das Gift uns nicht schaden kann, und segnet die Medikamente im Namen Jesu. Ihr kennt ja die ausführliche Geschichte. Das habe ich dann auch versucht, und was glaubt ihr? Seit ich jeden Morgen die Tabletten in meine Hand nehme, Jesus hinlege und bete: ‹Herr, bitte nimm du die Giftstoffe, die mir nichts nützen, die mir nur Schaden zufügen und meinen Körper schwächen, raus und mache sie unschädlich. Bitte verstärke du stattdessen die Heilwirkung›, und seitdem ich ihm dann danke und die Tabletten im Namen Jesu segne – was glaubt ihr, seitdem bin ich meine Schmerzen los, und seitdem kann ich nachts wieder ungestört schlafen. Ja, ich fühle mich wie neu geboren.»

Er war voller Freude und Dankbarkeit. Was haben wir nur für einen großen Gott!

5. Herr in besonders schwierigen Situationen

In schwierigen Situationen ist mir das Wort in Sprüche 3,5 besonders wichtig geworden: «Verlass dich auf den Herrn von ganzem Herzen, und verlass dich nicht auf deinen Verstand.»

Außenstehende sagen mir so oft, wenn über meine Bücher gesprochen wird oder ich über sie erzähle: «Ich kann Gott nicht begreifen. Er kann doch nicht alles wissen und überall sein. Die ganzen Jahrtausende hindurch immer überall gegenwärtig sein und all die vielen Menschen auf der ganzen Erde kennen, nein, das ist unmöglich.»

Das können sie nicht verstehen. Sie haben insofern Recht, weil sie mit dem Verstand begreifen wollen und erst danach bereit sind, sich für den Glauben zu öffnen. Nein, so geht es nicht! Die Größe unseres Gottes, seine Allmacht, seine Allgegenwart – mit dem Verstand ist das nicht zu begreifen. Auf solchem Wege ist es fast unmöglich, Gott zu finden. Umgekehrt sollte es sein.

Zuerst muss ich glauben, dass Gott ist, und zwar nur er, der allein ewige, heilige, dreieinige Gott. Nur durch ihn können wir erkennen, dass Jesus lebt. Dann wird er uns seine Herrlichkeit offenbaren, und zwar Schritt für Schritt. Seien wir doch klug, dass wir uns in allen Dingen – auch mit unserem Verstand – Jesus unterordnen. So wird es uns auch in 2. Korinther 10,5 geraten: «... und nehmen gefangen alles Denken in den Gehorsam gegen Christus».

Ja, ihm allein vertraue ich. Ich hatte zum Beispiel früher furchtbare Angst vor Stürmen. Schon wenn einer nur vorhergesagt wurde, geriet ich in Panik, weil ich es schon häufig erlebt hatte, dass er schon bei Windstärke acht an meinen Dachpfannen rüttelte. Wenn dann der Sturm sich zum Orkan steigerte, polterte es auf dem Dach und die Ziegel wurden heruntergerissen, und ich stand allein da in meiner ganzen Hilflosigkeit. Doch seit Jesus mein Herr ist, bete ich, sobald Sturm angesagt ist, denn Jesus ist doch auch der Herr über die Elemente. Er gebot dem Sturm auf dem See Genezareth zu schweigen, und es wurde still. Warum sollte er das nicht auch bei uns tun? Ich vertraue ihm und bete: «Herr, bitte bringe du den Sturm, den Orkan zum Schweigen. In deinem Namen ist er besiegt, kann er nicht wüten und Schaden anrichten. Bitte, Herr Jesus, lass ihn verstummen.» Und seit Jesus mein Herr ist, habe ich keinen «Dachschaden»(!) mehr gehabt. Nein, er schützt und verschont mein Heim. Ich kann immer nur staunen und ihn voller Dankbarkeit anbeten. Er ist eben absolut souverän. Er schützt die Seinen.

Das erlebte auch ein gut befreundetes Ehepaar im letzten Herbst. Herr E. hatte geschäftlich in Paris zu tun. Er wurde von seiner Frau begleitet, der Rückflug war für Sonntagnachmittag geplant und gebucht. Über der Nordsee tobte ein Orkan und fegte mit 160 km/h über die Küste und unser Land. Natürlich saß ich hier zu Hause und betete: «Oh bitte, Herr Jesus, bringe du diesen furchtbaren Orkan zum Schweigen. Lass nicht zu, dass er hier Schaden anrichtet, gebiete ihm doch, Herr Jesus, dass er endlich verstummen soll. Bitte, Herr Jesus, erbarme dich über meine Freunde, die in Paris auf den Rückflug warten. Du kannst es verhindern, dass dieser Flug überhaupt stattfindet. Aber wenn die Maschine trotzdem starten sollte, dann, bitte, Herr Jesus, lass deine Engel um dieses Flugzeug sein, und halte du schützend und bewahrend deine Hände darüber, dass ihnen kein Schaden geschieht. Tu du das Wunder, dass sie bei diesem furchtbaren Orkan sicher wieder landen werden. Oh bitte, Herr, greif ein und hilf. Erbarme dich ihrer und lass nicht zu, dass da ein furchtbares Unglück geschieht. Bringe du dieses Flugzeug wieder sicher auf festen Boden. Bitte schenke eine gute Landung. Dir hat der Vater doch alle Vollmacht gegeben. Bitte, Herr Jesus, erbarme dich.»

So etwa betete ich immer wieder. Nachmittags, abends, immerzu. Und wie war die Situation in Paris? Ich erfuhr es am nächsten Tag am Telefon. Viele Flüge waren abgesagt worden, der Eisenbahnverkehr ruhte, alles war gestrichen. Nur ausgerechnet dieser Airbus startete pünktlich gemäß Flugplan. Es war ein Flug, den die Reisenden wohl zeit ihres Lebens nicht mehr vergessen werden. Während des ganzen Fluges wurde das Flugzeug kräftig durcheinander geschüttelt, ja, es war ein Spielball des Orkans. Kurz vor der Landung in Frankfurt meldete der Pilot: «Achtung, schnallen Sie sich gut und fest an, die Scherwinde sind viel stärker, als ich vermutet hatte.»

Man kann sich vorstellen, was für eine Spannung die Fluggäste gefangen hielt. Alle warteten voller Angst darauf, was kommen würde. Unsere Freunde aber beteten. Da – schon im Anflug auf den Flughafen, kurz vor der Landung in nur wenigen hundert Metern Höhe – wurde das Flugzeug von einer Orkanböe erfasst und sackte plötzlich zehn bis fünfzehn Meter tief ab. Die Fluggäste kamen sich vor wie in einem Fahrstuhl. Sie schrien voller Angst, ja, es war ein furchtbares Durcheinander. Das Flugzeug wurde wie ein kleines Boot in der Brandung hin und her, rauf und runter geschüttelt und gerüttelt. Mal in der Längsachse, dann wieder wurde der Bug – wie von einer Faust erfasst – nach oben gedrückt. Es waren grauenhafte Minuten.

Herrn E. war klar, der Pilot würde durchstarten müssen, oder aber das Flugzeug würde am Boden zerschmettert werden. Da konnte nur noch Jesus helfen. Längst schon war er mit ihm im Gespräch und Gebet. Doch plötzlich war es während einiger Sekunden ganz still und sanft. Und wie eine Fliege sich setzt, so landete das Flugzeug auf der Landebahn.

Die Fluggäste klatschten dem Piloten Beifall, bevor sie totenbleich den Airbus verließen. Aber das Ehepaar E. wusste, Jesus hatte seine Hände schützend und bewahrend über sie gehalten. Das Wunder dieser glatten Landung trotz aller Turbulenzen hatte *er* vollbracht. Ihm allein galt unser gemeinsamer Dank. Wie groß ist doch unser Gott und wie wunderbar ist doch die Gewissheit: Er ist immer da. Was auch immer uns belasten mag, was uns zur Verzweiflung treibt, er erhört unsere Gebete und greift ein, weil er uns lieb hat und nur unser Bestes will. Denn er allein weiß den einzig richtigen Weg für uns. Nur er hat den absoluten Weitblick und unsere Zukunft längst vor sich.

Eines Tages rief mich Herr S. an. Ich hatte ihn vor vielen Jahren einmal bei Bekannten kennen gelernt. Damals war er ein fröhlicher Student gewesen, mittlerweile ist er Beamter im gehobenen Dienst. Ich bete schon sehr lange Zeit für ihn, weil ich weiß, dass ihm Kollegen und Vorgesetzte an seinem Arbeitsplatz sehr viel Schwierigkeiten bereiten. Jahrelang steht er nun schon unter Beschuss und großem Druck. So habe ich immer wieder dafür gebetet, dass dort endlich Vergebung geschehen möge und durch eine gegenseitige Annahme die Beziehungen wieder geheilt würden.

Ich erschrak, als ich ihn vor einem Jahr wieder traf. Er war still, zurückhaltend, machte fast einen resignierten Eindruck. Was war nur aus diesem munteren, aufgeschlossenen jungen Mann geworden, fragte ich mich erschüttert. Ja, dieser ganze Kampf hatte ihm so sehr zugesetzt, dass er in diesem Frühjahr schwer erkrankte. Er hatte längere Zeit hindurch ständig Fieber, und als er schließlich zum Arzt ging, befürchtete dieser, er habe eine Knochenmarks-Erkrankung. Also wurde Herr S. ins Krankenhaus eingeliefert, wo man ihn sehr gründlich untersuchte. Aber es stellte sich ein anderer Befund heraus. Zwei Herzklappen waren entzündet. Das war eine böse Geschichte. Eiterherde hatten sich dort gebildet, und die Bakterien verseuchten den ganzen Körper.

Er war inzwischen verheiratet und hatte zwei noch nicht schulpflichtige Kinder. Wir konnten uns natürlich vorstellen, dass seine Familie voller Angst von der bangen Frage umgetrieben wurde: Was soll nur werden? Er wurde noch eine Woche nach Hause geschickt, sollte dann allerdings gleich nach Pfingsten operiert werden. Dabei sollte eine Herzklappe völlig erneuert werden. Die andere wollte man versuchen zu erhalten, gründlich zu reinigen und wieder zurechtzurücken, damit sie wieder passte. Doch Genaueres ließ sich noch nicht feststellen, das würde erst die Operation ergeben. Es blieb noch offen, wie man dort verfahren wollte.

In dieser einen, ihm noch verbleibenden Woche fuhr er mit seiner Familie zu seiner Mutter, um sich dort – fernab von Beruf und Telefon – zu erholen. Nein, er mochte wirklich nichts mehr hören und sehen und konnte auch nichts mehr ertragen nach dieser langen und angstvollen Zeit.

Er rief mich gleich an und bat um Gebet. Doch da ich nicht im Hause war, hörte ich diese Bitte nur auf meinem Anrufbeantworter. Leider konnte ich nicht zurückrufen, weil ich weder die Adresse noch die Telefonnummer seiner Mutter kannte. Außerdem war die Woche derart mit Terminen ausgefüllt, dass ich gar nicht mehr wusste, wo ich die Zeit für Herrn S. noch hernehmen sollte. Ich konnte nur beten:

«Herr, schenke du es, dass sich dort irgendein Termin auftut. Du bist ja der Herr über die Zeit, und dann lass Herrn S. bitte noch einmal anrufen, damit wir gemeinsam zu dir kommen dürfen.»

Und tatsächlich rief ein Mann an und sagte seinen Termin ab, weil er verhindert war. Gerade als ich an dem Tag aus dem Haus gehen wollte, rief Herr S. wieder an.

«Bitte», sagte ich, «machen Sie sich sofort auf den Weg und kommen Sie. Jesus hat dafür gesorgt, dass gerade heute Nachmittag ein Termin frei wurde.» Ich konnte wirklich nur jubeln, wie der Herr wieder alles geregelt hatte. Was war das nur für ein Timing. So etwas bringt wirklich nur unser Herr fertig.

Herr. S. hatte eine Stunde Anfahrtsweg, dann kam er mit seiner Frau. Sie waren beide voller Angst vor dieser ungewissen Zukunft. Ich merkte sofort, beide standen unter einem Schock.

«Lassen Sie uns als Erstes darum beten, dass Jesus Sie frei macht von diesen lähmenden Fesseln.» Und im Namen Jesu banden wir diesen Schock. Nachdem Herr S. sich davon losgesagt hatte, baten wir Jesus:

«Zerbrich die Bindungen dieses Schocks, die ihn wie in einem Netz gefangen halten. Bitte, Herr Jesus, mach ihn frei.»

Danach baten wir unseren Herrn, dass er diese Entzündungen der Herzklappen heilen und die Bakterien abtöten möge, die ja offensichtlich den ganzen Körper verseucht hatten, und dass er dem Fieber gebieten möge zu weichen, damit die Operation wie vorgesehen durchgeführt werden könnte.

Ja, alles legten wir in Jesu Hände. «Bitte, Herr Jesus, lass du die Herz-Lungen-Maschine bestens arbeiten, und führe du die ganze Operation durch.

Und bitte sei du mit dem Chirurgen, gib ihm wache Sinne und lenke seine Gedanken, dass jeder Schnitt haargenau sitzt. Lass alle an der Operation Beteiligten einander gut zuarbeiten, damit die ganze Operation hervorragend durchgeführt werden kann. Bitte gib du dem Anästhesisten Weisheit für die rechte Art und Dosierung der Narkose. Bitte, Herr, verhindere du, dass irgendwelche Komplikationen auftreten. Wir vertrauen dir, denn du bist der beste Arzt und wirst alles wohlgelingen lassen. Du wirst auch die Herzklappen passend machen, die Blutungen stillen. Ach, Herr Jesus, wir bitten dich einfach um ein Wunder. Bitte schenke es, Herr Jesus, dass die ganze Familie S. ihre Sorgen jetzt loslässt und dir vertraut. Fülle sie mit deinem tiefen Frieden, wie nur du ihn schenken kannst.»

Und plötzlich hatte ich das Wort aus Psalm 118,17 für ihn vor Augen: «Ich werde nicht sterben, sondern leben und des Herrn Werke verkündigen.» Ich durfte Herrn S. dieses Wort zusagen. Er schaute erstaunt auf. Schon von zwei anderen Betern hatte er genau diesen Bibelvers zugesprochen bekommen. Das machte ihn unendlich dankbar und stärkte ihn.

Wir wussten mit ganz großer Gewissheit: Jesus ist da, Jesus wird ihn hindurchtragen, Herr S. wird gesund werden und die Werke des Herrn bezeugen und verkündigen. Wir konnten Gott nur loben und ihm danken.

Drei Tage später bekam ich einen Anruf. Als Herr S. nach unserem Gebet wieder zu seiner Mutter zurückgekehrt war, sah sie ihn ganz erstaunt an und sagte: «Du bist ja gar nicht mehr so blass wie sonst immer. Deine Haut ist wieder wunderbar durchblutet, du siehst ganz rosig aus.»

Schon hatte die Durchblutung wieder eingesetzt. Beide, er und seine Frau, waren völlig frei von Angst. Ja, sie waren in Jesus geborgen und wussten, der Herr wird's wohlmachen. Ja, Jesus hat das Wunder an Herrn S. getan, die Operation ist sehr gut gelungen, es sind keine Komplikationen aufgetreten, und der ganze Heilungsprozess verlief ohne Infektion, wie es besser nicht hätte sein können. Schon nach wenigen Tagen konnte er mit seiner Frau im Park spazieren gehen.

Nach der Entlassung aus dem Krankenhaus brauchte er natürlich noch eine längere Zeit, um sich zu erholen. Er ist jetzt schon wieder im Dienst, und – oh Wunder – auch dort hat Gott eingegriffen. Durch Versetzung einiger Kollegen ist dort die Situation viel besser geworden. Dank sei unserem großen Gott, der wirklich alles regelt, wie es uns zum Besten dient. Ja, das Ehepaar S. hatte wirklich alle Sorgen losgelassen, und Jesus hat sie durch dieses tiefe Tal hindurchgetragen. Frau S. stand treu an der Seite ihres Mannes und ist so dankbar, dass die Familie ihren Frieden wiedergefunden hat. Das ist durchaus nicht selbstverständlich in dieser Welt, die ihre eigenen Maßstäbe hat.

Jeder Einzelne versucht in der heutigen Zeit, sich selbst und seine Meinung durchzusetzen. So entsteht oft aus einer Empfindlichkeit oder aus ganz geringem Anlass ein Streit in der Familie – oder noch schlimmer: Schweigen. Und das ist sehr, sehr gefährlich. Wie können wir dankbar sein, dass Jesus uns so annimmt, wie wir sind. Wie schwer fällt es uns meistens, den anderen, den Nächsten, den Partner so anzunehmen, wie er ist.

Das erlebte ich, als ich vor Jahren während eines Österreich-Urlaubs mit Freunden zusammen an den Krimmler Wasserfällen war. Kennen Sie diese Wasserfälle?

Es ist eine so bezaubernde Gegend, dass man von der Schönheit der Schöpfung Gottes fasziniert ist. Im Rücken der dichte Wald und beim Hinaufsteigen immer wieder ein neuer Ausblick auf das herabstürzende, rauschende Wasser. Ich genoss dieses Naturschauspiel trotz meiner stark eingeschränkten Sicht so sehr, dass ich es heute noch in meinem Inneren genau vor mir sehe.

Bei meinen Freunden war es anders. Sie befanden sich in einer sehr unangenehmen Situation. Schon seit längerer Zeit herrschte bei ihnen Streit, natürlich nur wegen irgendwelcher Banalitäten. Und doch war zwischen ihnen kein Gespräch mehr möglich. Stumm, mit starren Gesichtern, gingen sie nebeneinander her. Wie furchtbar ist so eine Situation. Wie trostlos – sie hatten sich nichts mehr zu sagen.

Verzweifelt schrie Herr V. Gott in seinem Herzen an: «Herr, bitte hilf mir. Ich mag und kann dies alles nicht mehr ertragen. Am liebsten würde ich mich in die Tiefe hinabstürzen und nicht mehr sein. Hilf mir, Herr, bitte hilf mir.»

Als wir an einer Wende standen und auf das tosend herabstürzende Wasser blickten, war es ihm plötzlich, als ob kristallklare, von Gott eingegebene Gedanken sein Herz durchzogen: Schau mal, ich weiß, dass du in einer schwierigen Beziehung lebst. Aber ich habe euch ganz bewusst als Ehepaar zusammengeführt. Nur mit dir kann deine Ehefrau glücklich werden, und ich hoffe so sehr, dass es euch gelingt, miteinander auszukommen. Also bitte, bleib bei ihr. Halte aus, bleib ihr treu, und ich werde dich mächtig segnen ...

Danach erfüllte Herrn V. eine unbändige Freude. Er konnte kaum fassen, was er da eben gehört hatte. Er erzählte zwar vorerst nichts von diesem Erlebnis, und doch hatte er deswegen plötzlich eine Ausstrahlung, dass auch seine Frau von dieser Freude und Liebe erfasst wurde. Alles, was hinter ihnen lag, konnten sie vergessen. Wir durften daher diesen Urlaub fröhlich, ja, fast ausgelassen weiter genießen. Ja, unser Herr hat Großes in dieser Ehe getan. Lernen wir doch immer mehr, auf Jesus zu hören und ihm zu vertrauen. Er greift ein, er geht uns mit unendlicher Geduld nach.

6. Der Feind ist nicht untätig

Gottes Güte durfte auch Frau N. erfahren. Sie erlebte in ihrem Elternhaus eine sehr schwere Jugend. Ihr Vater war Alkoholiker, und zwischen den Eltern gab es ständig Auseinandersetzungen schlimmster Art, weil der Vater auch noch sehr brutal veranlagt war. Als sie acht Jahre alt war, missbrauchte er seine Tochter, und das nicht nur einmal. Nein, drei Jahre dauerte dieses Martyrium, und die Mutter schwieg dazu. Es war grauenhaft, was dieses Kind erlebt hatte. Als Zwölfjährige hatte er sie dann an einen Mann verkuppelt, von dem sie im Alter von fünfzehn und siebzehneinhalb Jahren ein Kind bekam. Was für ein Schicksal, was für eine Leidenszeit. Sie wusste keinen Ausweg mehr und fand natürlich bei den Eltern keinerlei Unterstützung oder Hilfe.

Danach haben sie geheiratet. Sie selbst – fast noch ein Kind – war durch die Erziehung und Versorgung der beiden Kinder maßlos überfordert, zumal der Mann nach wie vor seine eigenen

Wege ging. Es war eine furchtbare Ehe. Diese Leidenszeit fand erst ein Ende, als sie mit einundzwanzig Jahren geschieden wurde.

Was konnte sie jetzt noch erschrecken nach allem, was sie in ihrem jungen Leben schon ertragen und hinnehmen musste? Also wählte sie den Weg in die Prostitution. Irgendwann lernte sie ihren jetzigen Mann kennen. Es wurde geheiratet. Damit hoffte sie ein ganz neues Leben beginnen zu können. Sie war seit vielen Jahren gewohnt, für sich und ihre Kinder die Verantwortung zu übernehmen. So wollte sie auch jetzt nur ungern ihre Selbständigkeit aufgeben.

Es war die Zeit, als sich die Esoterik auszubreiten begann. Es schien, als könne man sein Glück selbst in die Hand nehmen. Diese unterschiedlichen Möglichkeiten faszinierten sie: «Ich werde einen Esoterikladen eröffnen, da bekomme ich bestimmt viele Kunden», plante sie, und – gedacht, getan – bald darauf eröffnete sie ihr Geschäft. Vieles, was der Markt zu bieten hatte, konnte man bei ihr erwerben. Esoterische Literatur, verschiedenste Edelsteine zur Therapie, Kettenanhänger, Lampen aus Stein, Buddha-Bändchen in den verschiedensten Farben, Pendel, Sternzeichen, Tarot-Karten. Alles, was zur Ausübung esoterischer Praktiken nötig war, wurde bei ihr feilgeboten.

Das Geschäft ging gut. Bis ihre Cousine Ria sie eines Tages besuchte. Die beiden hatten als Mädchen vieles miteinander ausgeheckt, Freude an gemeinsamen Streichen gehabt.

Eine alte Freundschaft verband die beiden. Doch jetzt wunderte Frau N. sich. War das noch die Gefährtin von früher?

Sie fragte Ria: «Sag mal, wieso bist du so verändert? So ruhig und gelassen? Du hast eine unwahrscheinliche Ausstrahlung. So kenne ich dich ja gar nicht.»

Da berichtete Ria nur zu gerne über ihre radikale Umkehr zu Jesus. Offenbar auch durch meine Bücher angeregt, hatte sie in vielen seelsorgerlichen Gesprächen und Gebeten ihr altes Leben mit aller Sünde und Schuld am Kreuz abgelegt und Jesus als ihren Herrn angenommen. Ja, sie war endlich den ganzen Ballast ihrer Vergangenheit losgeworden. «Er hat mich frei gemacht und mir das neue Leben geschenkt, das in Ewigkeit nicht endet. Oh, ich bin so dankbar und glücklich», strahlte sie Frau N. an.

«Das gibt es?» fragte diese fasziniert. «Das möchte ich auch erfahren, erzähl mal. Zeige mir bitte den Weg, dass auch ich umkehren und alles hinter mir lassen kann.»

Sie nahm schnell mit mir Kontakt auf. Ich erzählte ihr von Gottes Liebe, die so groß ist, dass er nicht will, dass auch nur ein Mensch verloren geht. Deshalb ist er selbst in Jesus Christus – in seinem Sohn – zu uns auf die Erde gekommen. Er hat die Menschen wachgerüttelt, hat gepredigt und zur Umkehr aufgerufen.

Er will uns heute wissen lassen: «Bringt mir doch eure Sünde und Schuld, ich mach euch frei davon. Ich habe für euch die Strafe bezahlt, die ihr verdient hättet, wenn ihr mir nur glaubt und vertraut.»

Ja, er hat sein Leben für uns dahingegeben, und der Tod hat ihn nicht halten können. Jesus ist auferstanden und lebt und hat in Johannes 3,36 gesagt: «Wer an den Sohn glaubt, der hat das ewige Leben. Wer aber dem Sohn nicht gehorsam ist, der wird das Leben nicht sehen, sondern der Zorn Gottes bleibt über ihm.»

So ist also Jesus der einzige Weg zum Vater, der Weg zum ewigen Leben. Wir hatten im Laufe der Wochen etliche Gespräche geführt. Und immer wieder brachte sie im Gebet vor Jesus, was er durch seinen Heiligen Geist aufdeckte. Ja, sie bereute aus tiefstem Herzen ihre ganze Sünde und Schuld, und Gott gab ihr sogar die Kraft, auch ihrem Vater zu vergeben. Sie hatte alles – ihr ganzes bisheriges Leben – ins Licht vor Jesus gebracht. So durfte ich ihr in seinem Namen nach Johannes 20,23 die Vergebung fest zusagen.

Und doch quälte sie noch etwas: «Mein Geschäft, Frau Anton, ich kann doch dieses Geschäft nicht weiterführen. Wenn ich nur daran denke, an wie vielen Menschen ich schon schuldig geworden bin, weil ich sie durch die Dinge, die sie kauften, zum Aberglauben verführt habe. Nein, ich kann es nicht weiterführen. Ich werde Jesus mein Leben anvertrauen, er soll von jetzt an mein Herr sein. Ich vertraue ihm, und das Geschäft werde ich aufgeben.»

Das war ihr fester Entschluss. Es war ein Mittwochabend, als sie zwischen neun und zehn Uhr Jesus als ihren Herrn annahm. Sie sprach ein Lebens-Übergabegebet, und im Namen Jesu durfte ich ihr zusagen: «Sie sind jetzt ein geliebtes Kind Gottes. Jesus wird Sie reich segnen und Sie nicht mehr loslassen. Er hat gesagt, dass niemand die Seinen aus seiner Hand reißen kann. Das gilt jetzt auch für Sie. Er hat Ihnen alle Schuld und Sünde vergeben. Er ist auch für Sie gestorben, und durch ihn haben Sie jetzt die Gewissheit, in der Ewigkeit bei ihm zu sein.»

Oh, wie war sie erleichtert und befreit. Wir konnten Jesus nur aus tiefstem Herzen danken. Am nächsten Morgen kommt sie in ihr Geschäft. Sie schaut, erschrickt, sieht noch einmal genauer hin, weil sie kaum glauben kann, was sie hier sieht. Da sind doch tatsächlich die ganzen indischen Klangstäbe, die an der Decke befestigt waren, heruntergefallen und am Boden zerschlagen. Sie sah nur Scherben. Ratlos ging sie zu ihrem Hauswirt, dessen Wohnung über ihrem Geschäft liegt, und fragte: «Sagen Sie bitte, hat sich gestern Abend unten in meinem Geschäft etwas Ungewöhnliches abgespielt? War da etwa Lärm?»

«Ja», sagte der Hauswirt, «und zwar hat es furchtbar gepoltert.» «Wann war das?» fragte sie zurück.

«Es muss so zwischen neun und zehn Uhr gewesen sein», war die arglose Antwort.

Ich konnte es kaum fassen, als sie es mir erzählte. Während wir bei mir zu Hause gebetet und sie ihr Leben in Jesu Hand gegeben hatte, waren gleichzeitig in ihrem Geschäft mehrere hundert Kilometer entfernt die ganzen indischen Klangstäbe von der Decke heruntergefallen. Was haben wir nur für einen Gott! Wir können wirklich nur jubeln. Er ist eben überall gegenwärtig und segnete ihren Entschluss, das Geschäft aufzugeben und jetzt ein Leben in seinem Wort, in seinem Dienst zu führen. Sie nahm Verbindung mit den Lieferanten ihrer Ware auf, und – oh Wunder – sie konnte alles zurückgeben. Sie hatte dadurch sogar keinerlei finanzielle Einbußen hinnehmen müssen. Alles verlief reibungslos. Wir konnten wirklich nur staunen über unseren Herrn.

Inzwischen musste die Familie in eine größere Stadt umziehen. Dort hat Frau N. ein neues Geschäft eröffnet mit christlicher Literatur, Kerzen und Geschenkartikeln. Was haben wir nur für einen großen Gott.

Ja, und wie sind wir Menschen nur leicht verführbar. Das zeigt sich immer wieder.

Gerade heute Morgen sagte mir eine Krankenschwester:

«Sie müssen sich entspannen wie beim Yoga.»

«Ausgerechnet ich», reagierte ich. «Ich brauche kein Yoga. Mein Herr ist Jesus Christus, und ich werde keinen Götzen anbeten.»

«Nun», meinte sie beschwichtigend, «es ist doch alles dasselbe, egal wie es heißt. Ob Buddha, Mohammed, Allah, alles ist Gott.»

«Eben nicht», korrigierte ich sie. «Unser Gott ist doch der Gott Abrahams, Isaaks und Jakobs, der Vater unseres Herrn Jesus Christus. Es heißt ganz klar im ersten Gebot: ‹Ich bin der Herr, dein Gott ... Du sollst keine anderen Götter haben neben mir.›»

Wenn wir das nur endlich begreifen und in Buße umkehren würden zu unserem allein heiligen, ewigen Gott, dem Schöpfer aller Dinge. Warum unterschätzen wir immer wieder die Macht des Feindes, ja, ignorieren ihn sogar oft? Seien wir doch wachsamer, denn sein Bestreben ist es, uns wieder von Jesus wegzuziehen und in seinen Herrschaftsbereich zurückzuführen. Wir sollten viel mehr um die Gabe der Geister-Unterscheidung bitten.

∽

Frau Sch. kam mit ihrem Sohn zu mir. Als sie ihn das letzte Mal in Dänemark besuchte, hatte sie dort absichtlich mein Buch «Beten wirkt Wunder» auf dem Tisch im Wohnzimmer liegen gelassen. Offensichtlich hatte er es gelesen, denn als er jetzt seine Mutter in Deutschland besuchte, wollte er unbedingt hierher kommen. Seit zehn Jahren ist er in Dänemark in einer gut bezahlten Stellung tätig. Er fühlt sich dort sehr wohl, wird auch beruflich anerkannt, doch immer wieder leidet er unter Depressionen. Dabei hat er manchmal furchtbare Anfälle von Luftnot, so dass er hyperventilieren muss. Gerade in den letzten Monaten waren sie derartig schlimm, dass oft der Notarzt gerufen wurde, der ihn dann sogar in ein Krankenhaus einliefern ließ.

Als er zu erzählen begann, wurde klar, dass er noch viele Verletzungen aus seiner Kindheit mit sich herumschleppte. Er wurde zu früh geboren und war daher anfangs sehr schwächlich. Sein Vater dagegen, ein stabiler und willensstarker Mann, konnte mit so einer Situation nur sehr schwer fertig werden. Er setzte sein Kind unter Druck, er schlug es oft, ja, sperrte es sogar ein. Was für eine Angst hatte der Kleine damals ausgestanden. Ich spürte noch die ganze Verklemmung bei ihm. Wie demütigend war das für diesen Jungen gewesen, wie sehr hat er nur gelitten. Denn immer wieder musste er sich anhören: «Aus dir wird doch nichts, du kannst ja nichts.»

Diese negativen Aussagen belasteten den Jungen natürlich sehr. Er war immer der Schwächling der Familie. Schließlich kam er auf eine anthroposophische Schule, doch auch dort hatte er wenig Freude. Aber als er achtzehn wurde, änderte er sich vollkommen. Er besuchte eine Aufbauschule nach der anderen und kam stets mit besten Zensuren nach Hause, so dass er heute ein erfolgreicher Wirtschafts-Experte ist.

Ich erklärte ihm, dass es schon vorausgehende Gnade sei, wie Jesus ihn bisher geführt und schon in sein Leben eingegriffen hatte. Ich sprach zu ihm von der großen Liebe Gottes, die so unfassbar ist, dass wir sie nur in tiefer Demut und Dankbarkeit annehmen können. Ja, dass dieses Evangelium von Jesus Christus die einzig rettende Botschaft ist und uns frei macht von allen Verletzungen der Vergangenheit, von Sünde und Schuld. Wir dürfen alles loslassen und bekommen durch unseren Herrn das neue Leben, das bis in die Ewigkeit reicht.

Wir spürten sein inneres Ringen, während wir beteten. Und der Heilige Geist wirkte so mächtig in ihm, dass er nicht nur die Kraft bekam, seinem Vater zu vergeben, sondern sich auch von den beiden negativen Prophetien loszusagen. War das gut! So durften wir sie im Namen Jesu widerrufen. Sie konnten ihn jetzt nicht mehr hindern und lähmen. Ja, Jesus würde dafür sorgen, dass seine guten Gaben jetzt vollständig zur Entfaltung kommen, und dann seinen beruflichen Weg noch mehr festigen und fördern. Danach gab er sein Leben in Jesu Hand und nahm ihn als seinen Herrn an. Es war eine völlig entspannte Atmosphäre, ja, er ist wirklich frei geworden, voller Frieden und Harmonie.

Bevor Frau Sch. und ihr Sohn fortgingen, beschlossen sie sogar, mich am nächsten Tag zu einem Vortrag zu begleiten. Ich freute mich sehr, als sie mich abholten. So konnten wir doch noch einen schönen Abend miteinander verbringen. Auf dem Heimweg waren wir in einem angeregten Gespräch über einige Fragen, die im Laufe des Abends aufgebrochen waren, als Frau Sch., die offensichtlich etwas spürte, sich an ihren Sohn wandte und fragte: «Sag mal, ist dir nicht gut?»

«Nein», wehrte er ab, «es wird schon gehen.» Doch plötzlich sagte er mit erstickter Stimme: «Mutter, ich bekomme wieder diese Atemnot.»

Ich erschrak aus tiefstem Herzen und fing sofort an zu beten: «Oh, bitte Herr, lass jetzt nicht wieder einen Anfall kommen. Ich stelle uns alle unter den Schutz deines heiligen Blutes, Frau Sch., ihren Sohn, mich und all unsere Angehörigen. Bitte, Herr, hilf. In deinem Namen müssen die Feinde weichen. Du hast sie besiegt, du bist immer der Stärkere, lass nicht zu, dass dieser junge Mann wieder angegriffen wird. Wir können hier jetzt nicht anhalten, fern von jeder Stadt. Oh Herr, bitte schütze uns, greif ein und hilf.»

Es war mitten in der Nacht. Wir suchten verzweifelt einen Parkplatz. Schließlich fanden wir einen Seitenweg, fuhren diesen entlang, da stand mitten in dieser Einsamkeit ein leeres Gebäude. Daneben war ein Parkplatz, so dass wir halten konnten. Frau Sch. und ihr Sohn stiegen aus. Er rang weiter verzweifelt nach Luft, ich betete unentwegt. Es war eine hochdramatische Situation. Es war stockfinstere Nacht, der Sturm blies, und ich kämpfte im Gebet weiter um die Befreiung des Sohnes.

Doch da öffnete Frau Sch. die Autotür, hielt mir etwas entgegen und sagte, obgleich sie wusste, dass ich es ja gar nicht sehen konnte: «Schauen Sie nur, Frau Anton, ich habe ihm diese Kette und dieses Armband abgenommen. Als mein Sohn vor sieben Monaten in Ägypten war, hat er sich das gekauft. Hier ist etwas eingraviert.»

In mir zog sich alles verkrampft zusammen, und ich konnte nur noch schreien: «Tun Sie das Zeug weg!» Im selben Moment griffen die Mächte Frau Sch. an, sie sank auf dem Autositz zusammen, ihr Kopf fiel auf das Lenkrad, sie hustete und hustete, weinte, schrie, stieß unartikulierte Worte aus. Das war ein furchtbarer Kampf in dieser stockfinsteren Nacht. Ich konnte nur immer wieder Jesus Christus anrufen und in seinem Namen diesen Mächten gebieten zu weichen.

Der Sohn war völlig hilflos. Ihn hatten die Mächte jetzt losgelassen und sich voll auf seine Mutter gestürzt. Sie konnte sich vor Husten kaum mehr retten, und ihr Schluchzen und ihr lautes Weinen erschütterten uns bis ins Innerste. Sie war völlig zusammengebrochen. Ich rief immer nur den Namen Jesus aus und gebot in seinem Namen den Götzenmächten zu weichen. Diesen Kampf dort in der Finsternis, ganz allein diesen Mächten gegenüberstehend, werde ich im Leben nicht vergessen. Woher bekam ich nur diese Kraft? Jesus war einfach da. Ich weiß nicht, wie lange dieser Kampf dauerte, er schien uns endlos zu sein. Ich befahl immer wieder: «Im Namen Jesu – weicht!»

Und wir haben Jesu Macht und die Kraft seines Namens und seiner Gegenwart gewaltig erfahren. Endlich waren diese Mächte besiegt. Der Schmuck war mittlerweile im Kofferraum gelandet, und ich wiederholte nur: «Werfen Sie das Zeug weg.»

Doch der Sohn wehrte sich: «Es ist reines Gold, das war sehr teuer.»

Daraufhin gab ich Frau Sch. nur den Tipp: «Werfen Sie es weg. Geben Sie Ihrem Sohn lieber das Geld dafür, aber tun Sie's weg, und behalten Sie es nicht.»

Ja, Jesus war der Stärkere. Er ist der Herr. Frau Sch. konnte sich endlich entspannen. Aber ihr Sohn war fassungslos. «Was ist nur mit Mutter geschehen?» Danach konnten beide endlich wieder befreit durchatmen, und alle Verkrampfung löste sich. Oh, was haben wir für einen Gott. Ganz beruhigt konnten wir dann die Fahrt fortsetzen und sind sehr behütet und beschützt nach Hause gekommen. Danke, Herr Jesus! Aber mir war bewusst geworden: Seit sieben Monaten besaß der Sohn diesen Schmuck, und genau von diesem Zeitpunkt an ist es mit seinen Atemnot-Anfällen sehr viel schlimmer geworden. Etliche Male wurde der Notarzt gerufen, der ihn dann sofort ins Krankenhaus einlieferte. Also waren es die Mächte hinter diesen ägyptischen Götzen, die ihn immer wieder angegriffen hatten. Wir konnten nur danken, dass Gott das gezeigt hatte.

Eine Frage blieb noch offen. Wieso war am Tag zuvor, als Herr Sch. sein Leben Jesus übergab, tiefer Friede in uns allen gewesen? Und doch hatte jetzt dieser Kampf stattgefunden.

Das passte doch nicht zusammen. Warum hatten diese Mächte jetzt so wütend getobt? Logischerweise hätten sie doch am Tag vorher angreifen müssen. Aber auch darauf fand ich eine Antwort. «Gestern hat er weder die Kette noch das Armband getragen», sagte mir seine Mutter. «Heute aber hat er beides angelegt.» Das also war eine Erklärung. Und wir erkannten erneut, wie gefährlich es ist, dem Feind auch nur das kleinste Schlupfloch zu öffnen.

Gegenstände und Praktiken benutzt er nur zu gern für seine listigen Angriffe, mit denen er uns zu Fall bringen will. Hüten wir uns deshalb davor, und seien wir sehr wachsam dem gesamten Angebot der Esoterik gegenüber. Jesus Christus allein ist der Fels in dieser Brandung, die uns umtobt. Und es ist so wunderbar, wie Paulus im 1. Brief an die Korinther in Kapitel 3, Vers 11 schreibt: «Einen anderen Grund kann niemand legen als den, der gelegt ist, welcher ist Jesus Christus.» Er allein hält uns, er allein schützt uns. Ihm und dem Vater durch ihn sei Lob, Ehre, Anbetung und tiefster Dank.

∾

Auf diesem festen Grund steht auch die Familie C. Frau C. ist seit längerer Zeit krank, hat mehrere Operationen hinter sich und wollte gerne zum Gebet kommen. Ihr Mann und ihre Tochter Simone begleiteten sie. Alle haben schon seit langem ihr Leben in Jesu Hand gelegt und sind wunderbare Zeugen unseres Herrn.

Nachdem wir für Frau C. gebetet hatten, meinte ihr Mann: «Ach, Frau Anton, bitte beten Sie doch auch einmal für unsere Tochter. Sie hat seit längerer Zeit schwere Hormonstörungen, und das in diesen jungen Jahren. Sie ist doch erst siebzehn. Sie war schon bei mehreren Ärzten in Behandlung, und obwohl man die verschiedensten Therapieversuche unternommen hatte, ist es nicht besser geworden. Die Ärzte waren ratlos. Bitte, beten Sie. Jesus ist doch der beste Arzt. Er allein kann hier noch helfen.»

Unter dem Schutz des Blutes Jesu beteten wir ihn an und den Vater durch ihn, dankten für alles, was er schon an dieser Familie getan hatte, und baten ihn, doch aufzudecken, woher diese Hormonstörungen kamen.

Während des Gebets war es, als würde mir ein Gedanke in den Sinn gegeben. «Schau dir die Tochter einmal genau an.» Ich brauchte mich gar nicht zu rühren, zumal ich ja doch nur aus den Augenwinkeln mühsam etwas erkennen kann. Aber ich bemerkte auch nichts Auffälliges an diesem jungen Mädchen. Ich musste sie allerdings hinterher fragen:

«Sagen Sie bitte, haben Sie solche Schmuckbändchen, so Armbändchen aus bunten Steinen, so genannte Buddha- oder Power-Bändchen, zu Hause? Denn ich sehe, jetzt tragen Sie keines. Und doch liegt mir diese Frage auf den Lippen.»

Ja, sie besaß solche Armbändchen. Nun konnte ich ihr erklären, dass mit diesen verschiedenfarbigen Steinen ein böser Aberglaube verbunden ist. Jeder Stein einer gewissen Farbe hat seine ganz bestimmte Bedeutung. Eine Farbe verheißt zum Beispiel Glück, eine andere Liebe, wieder andere verheißen Erfolg oder Reichtum usw. Diese so genannten Powerbeads Bracelets sind mehr als gefährlich: Sie verbinden Traditionen des tibetischen Buddhismus mit Elementen der Edelsteintherapie. «Bitte werfen Sie, wenn Sie nach Hause kommen, diese Bändchen weg und bekennen Sie Jesus diesen Aberglauben, damit er Sie davon befreit.»

Ich kenne etliche Menschen, die ignorieren diese Warnung. Sie sagen: «Ich glaube ja nicht daran.» Und doch benutzen böse Mächte diese Steine;

Mächte, die das Wesen und Leben eines Menschen beeinflussen können. Ich weiß von Kindern, die ständig Streit miteinander hatten, wenn sie diese Armbänder trugen. Auch herrschte in ihren Familien Uneinigkeit. Und Gott warnt ja ganz klar vor Aberglauben im 5. Buch Mose, Kapitel 18, ab Vers 9. Aberglaube ist ihm ein Gräuel und gehört nicht zu einem Leben mit Jesus Christus.

Simone bestätigte meine Erfahrung und erzählte sogar weiter: Sie war in Indien im Austausch gewesen und hatte dort bei einer Familie gewohnt. Diese Leute hatten sie lieb gewonnen und waren sehr glücklich, dass ihnen von der ganzen Gruppe gerade Simone zugeteilt worden war. Als jedoch der Abschied nahte, nahm die Familienmutter einen Stein, hielt ihn Simone hin und sagte: «Fass ihn mal an.» Das Mädchen wusste natürlich überhaupt nicht, was das bedeuten sollte, und fasste den Stein an, worauf die Frau zu ihr sagte: «So, nun wirst du in deinem Leben viel Glück haben.»

Simone antwortete ihr darauf: «Daran glaube ich nicht, mein Herr ist Jesus Christus, der hat mein Leben in seiner Hand.» Doch sie wollte die Frau nicht verletzen, indem sie das Gastgeschenk zurückwies. Die Gastgeberin hätte es gewiss nicht verstanden, weil sie es ja sehr gut mit Simone meinte. Also nahm Simone den Stein mit nach Hause, als sie wieder heimfuhr.

Gleich nach ihrer Ankunft erzählte sie den Eltern diese Geschichte und entfernte den Stein aus ihrem Besitz. Herr C. und seine Frau beteten mit Simone ein Befreiungsgebet. Simone hatte sich losgesagt von diesen Mächten des Aberglaubens – von allem, was durch den Stein hindurch auf sie übergegangen sein konnte –, und war dankbar, dass ihre Eltern so schnell reagiert hatten. Doch sie haben alle aus diesem Beispiel gelernt und sind sehr sensibel geworden für jegliche Angriffe der esoterischen Mächte. Daher war Simone jetzt auch sofort bereit, ihr Armband wegzuwerfen, als wir sie darauf ansprachen.

So konnten wir mit frohem Herzen im Gebet Jesus danken, ihn loben und preisen, dass er diese Erkenntnis geschenkt und uns auf die Spur dieser gefährlichen Mächte gelenkt hatte, die sich den Aberglauben an die Kraft der Steine zunutze machen. Wir banden diese Mächte daraufhin im Namen Jesu, und Simone sagte sich los, so dass diese Mächte jetzt endgültig von ihr weichen mussten. Jesus hat sie besiegt. Er allein macht uns frei. Ganz gelöst fuhr die Familie wieder von hier weg.

Monate später rief Herr C. mich wegen einer anderen Angelegenheit an. Als ich ihn nach Simone fragte, sagte er fröhlich: «Oh ja, das muss ich Ihnen ja unbedingt noch erzählen.» Nachdem sie damals nach Hause gekommen waren, hatte Simone sofort diese Buddha-Bändchen weggeworfen. Und von da an waren die Hormonstörungen restlos ausgeheilt. Ja, alles hatte sich normalisiert. Sie ist seitdem kerngesund und eine fröhliche, offene junge Frau. Wie war ich glücklich, das zu hören, und konnte nur wieder über unseren großen Gott staunen.

Und: Simone legt Zeugnis ab. Sie hält nicht etwa ihren Mund. Nein, überall, wo sie an den Armen ihrer Freundinnen diese Bänder und Kettchen sieht, sagt sie: «Nehmt doch diese Bänder ab, tragt sie nicht mehr, werft sie weg.» Und sie erzählt, wie es ihr ergangen ist. Doch ihre Freundinnen glauben ihr nicht. Sie wollen es nicht wahrhaben, dass sie dadurch Gefahr laufen, in Schwierigkeiten zu kommen, so dass sie selbst gebunden werden könnten. Aber Simone schweigt nicht. Und doch wollen die Freundinnen nicht auf sie hören. Und wir, die wir unserem Herrn vertrauen, können immer nur wieder staunen, wie Gott unseren Gehorsam segnet.

Ist Ihnen bekannt, dass unser allwissender Gott schon vor Jahrtausenden vor einem ähnlichen Problem gewarnt hat? Schauen Sie doch selbst einmal nach, was Gott in Hesekiel 13, Verse 18 und 20 zum Propheten Hesekiel über die Hersteller solcher Dinge sagt: «Weh euch, die ihr Binden näht für alle Handgelenke und Hüllen für die Köpfe der Jungen und Alten, um Seelen damit zu fangen! Wollt ihr Seelen fangen in meinem Volk und Seelen für euch am Leben erhalten? ... Darum spricht Gott der Herr: Siehe, ich will über eure Binden kommen, mit denen ihr die Seelen fangt, und will sie von euren Armen reißen und die Seelen, die ihr gefangen habt, befreien.» Wie bin ich dankbar, dass die Bibel auf jede unserer Fragen eine Antwort hat und Jesus uns aus allen Bindungen des Feindes befreit. Er allein ist unser Retter, und ihn zu bezeugen und zu verkündigen ist unser wichtigster Auftrag!

∽

Davon musste ich also auch Herrn F. und Frau L. erzählen, die mich eines Tages besuchten, damit wir mit Herrn F. beten konnten. Langsam und indem er sich auf den Arm von Frau L. stützte, kam Herr F. zum Haus herein. Er schleppte sich unendlich mühsam durch den Flur, stand dann unbeweglich da und war nicht einmal in der Lage, den Arm zu heben, um mir zur Begrüßung die Hand zu reichen. Es war ein Bild des Jammers, als er ins Zimmer ging und schwerfällig das eine und dann das andere Bein nach vorne zog.

Nachdem er sich gesetzt hatte, fing er an zu erzählen. Frau L. ist Griechin und Herr F. Deutscher. Er hat Volkswirtschaft studiert und die väterliche Firma übernommen, die er sehr erfolgreich führte und zu großem Ansehen brachte. Er hat geschuftet, Tag und Nacht, ohne Rücksicht auf sich selbst zu nehmen. Einen Feierabend? Nein, den gab es für ihn nicht. Arbeit, das war sein Leben. Schlafen war für ihn vergeudete Zeit, und ein freies Wochenende – das kannte er ebenso wenig wie Urlaub. All das wollte er später nachholen. Jetzt galt es für ihn erst einmal, immer an der Spitze zu sein. Immer der Erste, immer der Beste sein – das war sein Bestreben.

Wie lange hält ein Mensch diese harten Belastungen aus, fragte ich mich insgeheim. Wo blieb da die Verantwortung sich selbst gegenüber? Ich war tief erschüttert und mein Herz voller Mitleid, wenn ich auf dieses menschliche Wrack sah, das da vor mir saß.

Vor sechs Jahren verlor er dann plötzlich von einem Tag zum anderen sein phänomenales Gedächtnis: Da kam der erste Zusammenbruch. Er, der sonst die ganzen Firmendaten und Termine im Kopf hatte und fast spielend die schwierigsten Berechnungen anstellte, war plötzlich unfähig, noch einen klaren Gedanken zu fassen. Alles wirbelte in seinem Kopf durcheinander. Nichts, aber auch gar nichts konnte er mehr behalten. Panische

Angst kroch in ihm hoch, dass er vielleicht falsche Kalkulationen und Aufgaben weitergeben würde.

Ratlos und voller Angst lief er damals zu einem Arzt. Dieser verordnete ihm starke Medikamente. Sie wirkten, so dass nach einer längeren Behandlungszeit sein Nervensystem wieder vollständig hergestellt zu sein schien. Er war überglücklich, wieder arbeiten zu können. Doch anstatt dieses Warnsignal zu beachten, nahm er sein altes Leben wieder auf. Noch mehr musste er leisten als alle anderen! Das durch die Krankheit Versäumte wieder aufzuholen, das war sein Bestreben. Noch besser sein als vorher, noch mehr Aufträge für die Firma hereinholen, das war sein Ziel!

Er fragte nicht nach dem Sinn des Lebens und schon gar nicht nach Gottes Geboten, bis jetzt vor einem Jahr der erneute und diesmal völlige Zusammenbruch kam. Plötzlich konnte er den rechten Arm nicht mehr heben, geschweige denn die Finger bewegen. Die Beine wurden schwach und trugen ihn nicht mehr, die Gelenke versagten, so dass er sich nur noch mit Geh-Hilfen vorwärts bewegen konnte. Und den Kopf hatte er nur so weit in der Gewalt, dass er ihn nach hinten werfen oder nach vorn hängen lassen konnte. Er ging wieder zum Arzt.

Doch diesmal half keine ärztliche Behandlung. Nach menschlichem Ermessen gab es keine Hilfe mehr für ihn. Sein Körper reagierte einfach nicht mehr auf die vielen Medikamente. Seine Muskeln wurden schwach und schwächer. Man nannte seine Krankheit Muskelschwund. Und doch sagte er, die Ursache sei bei den Nerven zu suchen. Die Ärzte hatten ihm erklärt, die Nervenenden wären abgestorben oder seien wie gelähmt, so dass sie nicht mehr auf die Impulse reagierten, die vom Gehirn ausgingen, und sie daher auch nicht an die Muskeln weitergeben konnten.

In dieser verzweifelten, hoffnungslosen Situation griff Herr F. natürlich nach jedem Strohhalm, der sich nur irgendwo anbot, und schlug somit genau den falschen Weg ein. Er hörte von den verschiedensten Geistheilern und suchte einen nach dem anderen auf. Einer sprach von Giftablagerungen an den Nerven und versprach ihm natürlich nach seiner Behandlung eine schnelle Besserung.

«Und wie viel haben Sie ihm dafür bezahlt?» musste ich plötzlich dazwischenfragen.

«5'000 DM», war die Antwort. Furchtbare Wut stieg in mir hoch. Ich kann immer nur wieder in hellen Zorn geraten, wenn ich höre, wie gewissenlos einige Mitmenschen aus dem Leid anderer Profit schlagen.

«Sie brauchen Jesus», sagte ich zu Herrn F. «Er hat Sie geschaffen, er hat Sie lieb. Er allein kann Ihnen helfen. Und bei ihm kostet es Sie nichts. Er schenkt Ihnen seine Hilfe auf seine Weise und umsonst.»

Daraufhin zeigte ich ihm die Bibelstelle Matthäus 10,8: «Umsonst habt ihr's empfangen, umsonst gebt es auch.»

Ein anderer Geistheiler war gleichzeitig Hellseher gewesen. Er hatte Kerzen in Richtung Osten aufgestellt und unverständliche Gebete vor sich hin gemurmelt. Danach war Herr F. noch bei einem chinesischen Arzt gewesen, der ihn mit esoterischen Heilmethoden behandelte. Oh, es war furchtbar.

Daraufhin musste ich ihm und Frau L. jetzt endlich das ganze Evangelium bezeugen. Von der Liebe Gottes, die in Jesus Christus in diese Welt gekommen ist, um unsere Schuld und Sünde auf sich zu nehmen und die Verbindung zu unserem himmlischen Vater wiederherzustellen. Er wartet doch nur auf uns, dass wir endlich zurückkehren in sein Vaterhaus. Durch Jesus haben wir wieder den Zugang zu ihm. Jesus hat sich geopfert, ja, mit seinem Leben bezahlt für unsere ganz persönliche Schuld. Aber der Tod hat ihn nicht halten können: Er ist auferstanden und lebt und betet jetzt beim Vater für uns (Johannes 17,20). Und er hat uns zugesagt, dass er immer bei uns ist.

All das erzählte ich ihnen in ganz großer Liebe. Und sie erkannten, wie dringend sie Jesus brauchten. Er allein konnte ihre Not und ihr ganzes Leid wenden und heilen. So gaben sie beide ihr Leben in Jesu Hand.

Da musste ich natürlich auch über die Schuld der außerehelichen Beziehung mit ihnen reden. Frau L. sprach ich damit aus dem Herzen. Sie sehnte sich schon lange danach, endlich diese enge Beziehung zu Herrn F. vor der Welt und vor Gott bestätigen zu können. Er jedoch meinte: «Das hat noch Zeit, bis ich wieder in der Lage bin, Reisen und Urlaubsfahrten zu unternehmen. Dann wollen wir unser Leben wirklich genießen.» Doch daraufhin musste ich ihm erst einmal den Sinn der Ehe vor Augen halten. Miteinander zu leben und füreinander da zu sein in jeder Lebenssituation, in Freud und Leid, das ist doch eine erfüllte Ehe. Während Frau L. bestätigte: «Ich warte doch längst darauf», konnte Herr F. sich nur ein mühsames «Ich muss es mir noch mal überlegen» abringen.

Nicht mehr nachzudenken brauchte er allerdings über die Befreiung von den Bindungen, die ihn durch die Geistheiler gefangen hielten. Ihm war klar geworden, dass er dort falsche Wege gesucht und eingeschlagen hatte und in die Gewalt der feindlichen Welt geraten war. «Welche Möglichkeit gibt es, da wieder herauszukommen?» fragte er gespannt.

«Nur durch Jesus Christus können Sie wieder frei werden», erklärte ich ihm. «Ihm allein ist gegeben alle Gewalt im Himmel und auf Erden. Alles, was sich zwischen Himmel und Erde regt, muss sich vor ihm beugen. Er ist der Herr und immer der Stärkere!»

So beteten wir und dankten unserem Herrn für alles, was er für uns getan hatte. Wir banden in seinem Namen diese Mächte, denen sich Herr F. durch die Geistheiler ausgeliefert hatte. Er sagte sich im Namen Jesu Christi los von diesen verschiedenen Bindungen, so dass im Namen unseres Herrn diese Mächte ihn jetzt freigeben und verlassen mussten. Ja, unser Herr ist Sieger über alles, was sich regt.

So konnten wir Jesus nur in tiefer Demut danken. Danach beteten wir um Heilung von Herrn F.'s Krankheit, denn Jesus ist ja der beste Arzt. Wir kleinen Menschenkinder können doch überhaupt nichts tun, sondern ihn nur in tiefem Vertrauen bitten: «Herr, bitte, hilf du doch. Du hast damals, als du auf der Erde lebtest, Tote auferweckt. Dir ist es doch ein Kleines, diese abgestorbenen Nervenenden zu neuem Leben zu erwecken, sie wieder zu aktivieren, damit sie die Impulse vom Gehirn aufnehmen und an die Muskeln weitergeben können.» Dann baten wir Jesus, die Muskeln, die Bänder und Sehnen, die Gelenke, ja, den ganzen Körper mit neuer Kraft zu erfüllen und auch das

Gedächtnis wiederherzustellen. Hier konnte wirklich nur unser Herr noch helfen. Möge er sich doch über Herrn F. erbarmt haben.

Ich habe leider seit damals nichts mehr von ihm und Frau L. gehört. So kann ich unseren Herrn nur bitten, dass er die beiden nicht loslässt und dass sie fest an ihm und in ihm bleiben.

∿

Eines Morgens rief mich Frau K. aus Süddeutschland an. Sie hatte irrsinnige Migräne, konnte sich kaum aufrecht halten und musste ständig erbrechen. «Bitte, Frau Anton, beten Sie mit mir. Ich kann diese Schmerzen kaum mehr ertragen.» Sie ist wiedergeborene Christin. Jesus ist ihr Herr, aber sie hat keine Schwester im Glauben, mit der sie beten kann. So riefen wir Jesus um Hilfe an: Er möge doch eingreifen, die Nerven entspannen und die ganze Verkrampfung im Kopf lösen, die Adern wieder frei machen, dass nirgends eine Blockade ist, vor der sich das Blut staut und wild pulsiert. Alles legten wir Jesus hin und geboten in seinem Namen den Schmerzen zu weichen.

Frau K. verspürte eine Linderung, und wir konnten Jesus nur danken, dass er eingegriffen hat und sie jetzt ganz frei machen möchte.

Drei Tage später rief sie wieder an: «Frau Anton, meine Migräne hat Jesus geheilt, aber ich habe wieder irrsinnige Kopfschmerzen, anders als sonst. Bitte lassen Sie uns wieder zusammen beten. Da könnte ja doch vielleicht noch irgendein Hintergrund sein. Davon schreiben Sie ja oft genug in Ihren Büchern.»

«Gewiss», antwortete ich ihr, «aber dann müsste es doch ein rein seelsorgerliches Gespräch werden, und das geht nicht in drei oder fünf Minuten am Telefon. Dann rate ich Ihnen, gehen Sie doch zu Ihrem Gemeindepastor und bitten Sie ihn, dass er mit Ihnen betet.»

«Nein», wehrte sie ab, «das ist in unserer Gemeinde nicht üblich. Außerdem habe ich noch in keiner einzigen Predigt gehört, was Sie in Ihren Büchern schreiben, dass wir überhaupt für Krankheiten beten können. So etwas wird bei uns nicht praktiziert.»

Ich antwortete ihr: «Aber das steht doch in der Bibel. Jesus hat uns doch diesen Auftrag gegeben. In Lukas 10,9 sagt er zum Beispiel seinen Jüngern: ‹Heilt die Kranken.› Und in Markus 16,17 und 18 sagt er ganz klar: ‹Die Zeichen aber, die folgen werden denen, die da glauben ... auf Kranke werden sie die Hände legen, so wird's besser mit ihnen werden.› Und in Jakobus 5,14: ‹Ist jemand unter euch krank, der rufe zu sich die Ältesten der Gemeinde, dass sie über ihm beten und ihn salben.› Sie sehen, Jesus hat uns doch diesen Auftrag gegeben, und ich bin sicher, er ist traurig, wenn wir seine Hilfe nicht in Anspruch nehmen. Stellen Sie sich denn jeden Tag unter den Schutz seines Blutes?»

«Manchmal schon», sagte sie zögernd.

«Und warum nicht täglich? Ich schreibe es doch in meinem Buch ‹Beten ist Freude›. Haben Sie das gelesen?»

«Ja, schon», meinte sie gedehnt, «aber das habe ich noch in keiner Kirche gehört, dass man das tun muss.»

«Aber in der Bibel steht doch, dass das für alle Zeiten für uns und unsere Kinder gilt. Lesen Sie doch einmal in 2. Mose 12,23 und 24 nach. Dieser Schutz gilt für uns alle ewiglich! Wir sollten diese Verheißungen, die unser Gott uns gibt, viel mehr in Anspruch nehmen.

Wenn wir das nicht befolgen, brauchen wir uns gar nicht zu wundern, dass wir immer wieder angegriffen werden. Die ungläubigen Menschen, ja, die lässt der Feind in Ruhe. Aber wir, die wir Jesus als unseren Herrn angenommen und das neue Leben von ihm geschenkt bekommen haben – und die wir damit dem Feind von der Schippe gesprungen sind –, uns will er doch zurückhaben, uns lässt er nicht los. Wir alle hier und in unseren Gruppen stellen uns täglich unter den Schutz des heiligen Blutes Jesu.

Am besten legen Sie auch noch die Waffenrüstung an, wie es in Epheser 6,10–17 steht. Glauben Sie mir, ich habe meine Leute getrimmt, dass sie nicht nur sich, sondern auch ihre Angehörigen täglich unter diesen Schutz stellen. Dann sind wir geborgen. Das hat Jesus uns doch zugesagt. Er weiß um die listigen Angriffe des Feindes.»

Dann betete ich so für sie und mich, und sie bedankte sich, dass sie so viel Neues erfahren hatte. Doch nicht immer verläuft ein Gespräch so harmonisch und zufriedenstellend wie hier mit Frau K.

∾

Eines Tages rief mich Vera an. Sie litt seit längerer Zeit häufig unter Migräne-Anfällen und starken Schlafstörungen. Sie bat um einen Termin, um mit ihrer Freundin zu mir zum Gebet zu kommen. Als die beiden Damen erschienen, machte Vera auf mich den Eindruck einer starken, selbstbewussten Persönlichkeit. Doch sie klagte: «Diese furchtbare Migräne und der mangelnde Schlaf beeinträchtigen mein Leben doch sehr. Bitte helfen Sie mir, Frau Anton.»

Das musste ich jedoch erst einmal richtig stellen: «Ich kann nichts tun. Ich kann nur für Sie beten. Und wie Jesus dann handeln wird, ist ganz allein seine Sache. Wie stehen Sie übrigens zu ihm? Vertrauen Sie ihm?» musste ich sie fragen.

«Ich habe schon lange zu Gott gebetet, doch er erhört meine Gebete offenbar nicht», war ihre resignierte Antwort.

«Aber Jesus Christus ist der Mittler zwischen Gott und uns. Das steht im 1. Brief an Timotheus, Kapitel 2, Verse 5–6. Und er betet beim Vater für uns. Ihm allein hat der Vater alle Macht gegeben.» Das war ihr neu.

Daraufhin erklärte ich den beiden Frauen das ganze Evangelium von der überschwänglichen Liebe Gottes, die in Jesus zu uns Menschen auf die Erde gekommen ist. Er hat sich selbst geopfert und damit unsere Schuld und Sünde auf sich genommen, damit wir frei werden. Er ist auferstanden und lebt und hat uns verheißen: Wer an den Sohn glaubt, der hat das ewige Leben. Wer aber dem Sohn Gottes nicht gehorsam ist, der wird das Leben nicht sehen, sondern der Zorn Gottes bleibt über ihm (Johannes 3,36). «Und das wollen Sie doch gewiss nicht?»

«Stimmt das, Frau Anton, glauben Sie das?» fragte sie überrascht.

«Nun, wenn es nicht stimmen sollte, dann sind *alle* Menschen verloren. Wenn es aber stimmt, dann haben wir das ewige Leben. Was hindert Sie also, sich auf den Weg zu machen, Jesus zu suchen und durch ihn und mit ihm ein neues Leben anzufangen? Sie haben doch nichts zu verlieren, Sie können nur gewinnen!»

Das überzeugte sie. Und beide Damen sprachen ein Übergabegebet und nahmen Jesus als Herrn in ihr Leben auf. Etwas in mir allerdings beunruhigte mich. Ich spürte, Vorsicht war geboten. Ich musste sie noch fragen: «Sagen Sie bitte, haben Sie sich mit irgendwelchen okkulten Mächten eingelassen – oder praktizieren Sie etwa Reiki?» Denn plötzlich war dieses Wort in mir.

«Ja, ich bin sogar Reiki-Meisterin. Was haben Sie denn dagegen? Das ist doch eine gute Sache und hilft den Menschen.»

«Oh weh», sagte ich ihr, «davor warnt die Bibel sehr. Da haben Sie sich mit widergöttlichen Mächten eingelassen. In Kolosser 2,8–9 steht ganz klar: ‹Seht zu, dass euch niemand einfange durch Philosophie und leeren Trug, gegründet auf die Lehre von Menschen und auf die Mächte der Welt und nicht auf Christus. Denn in ihm wohnt die ganze Fülle der Gottheit leibhaftig.› Und genau diese Mächte, die zwischen Himmel und Erde ihr Unwesen treiben, die werden doch im Reiki angezapft und durch Handauflegung auf den Menschen übertragen. Das ist doch nicht Jesus, der da heilt. Nein, da wird die Kraft und Energie des Gegenspielers Gottes in Anspruch genommen.»

Ja, das erkannte sie jetzt. Damit wollte sie nichts mehr zu tun haben. «Wie komme ich da raus?»

«Nur durch Jesus, denn er ist immer der Stärkere. Er hat diese Mächte besiegt. Vor ihm müssen auch sie weichen.»

So beteten wir nun, und sie sagte sich los von allen Bindungen durch das Reiki, so dass die Mächte im Namen Jesu von ihr weichen mussten. Wir aber dankten und lobten unseren Herrn für alles, was er an ihr getan hatte. Doch plötzlich fuhr sie erschrocken zusammen.

«Was habe ich nur für Schuld auf mich geladen, indem ich so viele Menschen durch Reiki verführt habe! Oh, ich muss Jesus diese Sünde bekennen. Ob er sie mir vergibt?»

Ich war tief erschüttert über dieses Bekenntnis. So schnell und so intensiv wirkte Gottes Geist, dass er ihr das gleich offenbarte. Was haben wir für einen großen Gott. Ich kann immer nur wieder staunen.

Aber ich beruhigte sie: «Lassen Sie uns beten.» Und sie breitete im Gebet vor Jesus ihre ganze Schuld aus, sagte ihm, wie leid es ihr tat, dass sie andere Menschen verführt hatte, und bat ihn herzlich um Vergebung, die ich ihr dann im Namen Jesu nach 1. Johannes 1,9 wirklich zusprechen durfte. Ach, was war sie befreit und erleichtert.

Nun konnten wir Jesus nur noch bitten, dass er auch ihre Migräne heilen würde und sie unter seinem Schutz wieder ganz ruhig und ungestört schlafen ließe. In tiefer Demut konnten wir Gott nur loben und ihm danken für alles, was er an ihr getan hatte. Und in tiefem Frieden fuhr sie nach Hause.

Etwa zwei Wochen waren vergangen, da rief sie mich wieder an. Sie war erfüllt von Dankbarkeit und Freude. «Stellen Sie sich nur vor, Frau Anton, ich habe keinen Migräne-Anfall mehr gehabt, und ich kann auch wieder schlafen. Großes hat der Herr an mir getan. Es ist ein Wunder, wie es mir geht. Ich fühle mich so wohl, dass meine Freundin und ich beschlossen haben, demnächst ein paar Wochen in den Urlaub zu fahren.» Ich freute mich von Herzen mit ihr und wünschte ihr erholsame Ferien.

Nach ihrer Rückkehr rief sie voller Begeisterung wieder an. «Ich bin dem Herrn ja so dankbar, Frau Anton. Sie können es sich gar nicht vorstellen. Es war der schönste Urlaub, den ich je erlebt habe. Ich habe mich prächtig erholt, bin völlig frei von Schmerzen, und es geht mir wunderbar.» Sie machte wirklich einen glücklichen Eindruck, und ich freute mich aufrichtig mit ihr.

Ein paar Wochen später rief sie noch einmal an: «Oh bitte, Frau Anton, lassen Sie uns wieder beten. Meine Migräne ist wiedergekommen, und ich leide furchtbare Schmerzen. Auch komme ich nachts überhaupt nicht mehr zur Ruhe. Aus ist es mit meinem Schlafen! Bitte helfen Sie mir.» Während sie so klagte und jammerte, stieg ein böser Verdacht in mir auf. Sollte sie etwa rückfällig geworden sein? Doch gleich verwarf ich den Gedanken wieder. Das konnte doch nicht möglich sein, nachdem sie Jesu Gegenwart und seine Hilfe in so überreichem Maße erfahren hatte! Sie hatte Buße getan für ihre Schuld, andere Menschen verführt zu haben, sie hatte ihr altes Leben losgelassen und von Jesus das neue Leben geschenkt bekommen. Nein, so ein Rückfall durfte nicht sein.

Und doch musste ich ihr Klagen unterbrechen: «Sagen Sie bitte, haben Sie sich etwa wieder dem Reiki zugewandt? Sie haben doch wohl nicht erneut dem Feind das Einfallstor geöffnet?»

«Na ja, das müssen Sie verstehen, Frau Anton, ich kann doch meine alten Freunde, mit denen ich durch Reiki verbunden bin, nicht alle aufgeben und allein lassen. Ich kann sie doch nicht so enttäuschen und mich von ihnen abwenden, indem ich kein Reiki mehr praktiziere.»

«Aber Jesus, der sein Leben für Sie geopfert hat, den können Sie enttäuschen. Von dem haben Sie sich wieder abgewandt. Ihn haben Sie verraten! Ihn, der Sie befreit hat von den Bindungen, in denen Sie gefangen waren, der sie geheilt hat, ihn haben Sie beiseite geschoben und sich stattdessen wieder den feindlichen Kräften zugewandt. Nein, so kann ich nicht mit Ihnen beten. Ich kann Jesus nur bitten, dass er Sie zur Erkenntnis seiner Wahrheit führt, damit Sie von Ihrem falschen Weg umkehren. Er möge sich Ihrer erbarmen.»

Damit war unser Gespräch beendet, und ich habe seitdem nichts mehr von ihr gehört.

7. Keine Angst vorm Sterben

Haben Sie sich eigentlich mal die Frage gestellt, mit welcher biblischen Gestalt Sie sich identifizieren und in welche Sie vielleicht sogar einmal für eine kurze Zeit gerne hineinschlüpfen würden? Dieses Thema ergab sich vor einiger Zeit in unseren Gesprächsgruppen, und es war sehr interessant, die verschiedenen Antworten zu hören. Einige wollten gern sein wie Abraham, David oder Paulus. Ich staunte sehr über den kämpferischen Mut, dem sich etliche verbunden fühlten. Und welche Gestalt entspräche Ihnen am ehesten? Vielleicht denken Sie doch einmal darüber nach.

Mir ist schon seit langer Zeit Maria, die zu Jesu Füßen saß, eine besonders vertraute Person. Ja, dort wäre auch mein liebster Platz. Zu Jesu Füßen sitzen, so ganz in seiner Nähe sein, ihm zuhören, seine Worte in mein Herz aufnehmen, ihn vielleicht sogar einmal berühren dürfen, seine Haut an meinen Händen spüren ... Ich habe allein vor diesem Gedanken eine ganz tiefe Scheu. Er ist mir so heilig. Wie muss Johannes zumute gewesen sein, der an seiner Brust liegen durfte (Johannes 13,23)? Was für eine Gnade.

Ja, dort zu sein ist das Ziel meiner ganzen Sehnsucht. Ich werde manchmal gefragt: «Hast du Angst vor dem Sterben?» Nein, die habe ich nicht. Ich weiß mit ganz großer Gewissheit und sage es auch den Leuten, wenn Jesus heute Abend zu mir sagen würde: «So, mein Deern, es ist genug. Komm. Jetzt darfst du zu mir kommen» – da könnte ich doch nur sagen: «Danke, Herr.» Das wäre das Schönste für mich.

Ich meine damit nicht, dass ich nicht gern auf der Erde bin. Und solange der Herr mich hier haben will, diene ich ihm mit Freuden nach der Kraft, die er mir gibt. Aber wenn er sagen würde: «Nun ist es genug, komm», dann bin ich genauso gern bereit, heimzugehen, heim ins Vaterhaus. Das ist doch das Ziel meiner ganzen Sehnsucht. Und nun ist in diesem Sommer geschehen, was niemand für möglich gehalten hätte. Nicht ich durfte Jesus berühren, nein, er hat mich angerührt und zu einem ganz neuen Leben erweckt.

Dieses Wunder ist so gewaltig, dass meine Freunde und ich, die wir das erleben durften, es noch immer kaum fassen können. Es war ein sehr, sehr schwerer Weg bis dahin, aber Jesus hat sich wieder einmal als der Stärkere erwiesen. Er ist der Sieger, der absolute, souveräne Herr. Wir alle sind ja zum Zeugnis aufgerufen. Deshalb möchte ich diese Geschichte erzählen. Möge sie vielen Menschen Trost und Hilfe sein.

Am 9. Juni des Jahres 2002 kam ich dankbar und erfüllt von einem Seminar zurück. Wir hatten sehr intensiv über Gebetsthemen gearbeitet, und voller Freude berichtete ich am Montag- und Dienstagabend in unseren Gruppen davon, die natürlich gern wissen wollten, wie es gewesen war. Es war drei Tage später: Dieser Freitag, der 14. Juni, fing ganz normal an.

Doch morgens beim Frühstück verschluckte ich mich an meinem Müsli. Ob eine Erdnusshälfte in meine Luftröhre geraten war? Ich weiß es nicht. Auf jeden Fall musste ich furchtbar husten. Doch das Hindernis rührte sich nicht. Ich bekam kaum Luft, hustete und hustete. Stundenlang dauerte diese Quälerei. Nach etwa drei Stunden, gegen 12 Uhr, begann ich Blut auszuhusten.

«Oh, Herr», betete ich inzwischen immer wieder, «bitte löse doch dieses Hindernis. Ich kann doch kaum atmen und habe heute in Husum noch Dienst. Nachmittags sind Leute zur Seelsorge angemeldet, und abends wartet eine Gruppe auf mich. Bitte, Herr, hilf, dass ich gesund werde und fahren kann.»

Ich hustete weiter und spürte, wie meine Kräfte weniger wurden. Schüttelfrost packte mich, ich musste mehrfach erbrechen, und irgendwann begannen meine Finger gefühllos zu werden.

Da wurde es mir bedrohlich. Ich rief die Leiterin in Husum an: «Ich kann heute nicht kommen. Ich glaube, ich bin krank. Bitte übernimm du die Seelsorge und die Gruppe.» Dieser Anruf muss so jämmerlich geklungen haben, dass sie sofort meine Freundin Linde hier in Itzehoe anrief und sie bat, nach mir zu sehen.

Irgendwie kroch Angst in mir hoch, und ich dachte, ich sollte vielleicht lieber meinen Sohn benachrichtigen. Also versuchte ich, ihn in Hamburg zu erreichen. Leider bekam ich keinen An-schluss. «Was mach ich nur?» Da rief ich seinen Sohn, also meinen Enkel, an und bat ihn: «Sag bitte Bescheid, dass es mir schlecht geht.»

Inzwischen war Linde hier eingetroffen, sah meine Verfassung und fing an zu weinen. Als sie sich noch ratlos fragte, was zu tun sei, kam meine Freundin Malla, sie ist Ärztin. Wir beide hatten uns zum Gebet verabredet. Doch als sie meinen Zustand sah, kreideweiß, blaue Lippen, völlig erschöpft, kaum mehr ansprechbar, ergriff sie so-fort die Initiative und rief im Krankenhaus die Ambulanz an.

Kurze Zeit danach stürzten vier Männer ins Zimmer, versorgten mich mit Sauerstoff und Infu-sionen, und ehe ich überhaupt etwas denken konnte, ging es ab ins Krankenhaus.

Inzwischen hatte mein Enkel in Hamburg mehr-fach versucht, meinen Sohn zu erreichen. Er war gerade mitten in einer Sitzung. Doch als er hörte, dass es mir sehr schlecht ging, rief er gleich bei mir zu Hause an. Niemand nahm den Hörer ab. Das beunruhigte ihn natürlich noch mehr, und er frag-te sich: «Sollte sie etwa ins Krankenhaus gekom-men sein?»

Vorsichtshalber rief er auch dort an und erhielt die erschreckende Antwort: «Ja, sie wird gerade im Moment eingeliefert.» Er ließ also die Sitzung Sitzung sein und fuhr sofort nach Itzehoe. Was allerdings dort im Krankenhaus mit mir geschah, ist gar nicht in mein Bewusstsein gedrungen. Ich soll zwar auf Fragen geantwortet haben, und die verschiedensten Untersuchungen wurden ange-stellt, auch erkannte ich irgendwann meinen Sohn und Linde, doch all das habe ich nur schemenhaft mitbekommen.

Irgendwann abends wurde ich in ein Zimmer geschoben. Ich war teilnahmslos und innerlich so weit weg, dass ich kaum wahrnahm, dass Linde, meine treue Freundin, immer noch da war und meine mitgebrachten Sachen im Schrank ordnete.

Mitten in der Nacht wachte ich auf. Ich lag in einem nur schwach erhellten Zimmer, schlüpfte in meine Pantoffeln und wollte ins Badezimmer gehen, wie es bei mir zu Hause meine Gewohnheit war. Also verließ ich auch dort das Zimmer und befand mich plötzlich auf einem hell erleuchteten Flur. Nanu, wo war ich denn? Ich ging den Flur entlang an vielen Türen vorbei. Ich hatte den Eindruck, in einem Gefängnis zu sein, zumal ich mit meinen Augen ja kaum mehr sehen kann.

Wohin hat man mich nur gebracht?, war meine bange Frage. Dort – eine Abzweigung. Ich ging den Flur entlang, aber auch da war nur wieder Tür an Tür. Mein Badezimmer fand ich nicht. Und wieder ging ich einen anderen Flur entlang. Wo war nur mein Badezimmer? Angst kroch in mir hoch. Was hatte man mit mir gemacht? So irrte ich durch diese hell erleuchteten Gänge.

Plötzlich hörte ich einen Ruf: «Helga, was machst du denn hier?» Die Stimme kannte ich doch? Ich hatte sie schon früher gehört. Sie war mir ganz vertraut. Und eine Krankenschwester eilte auf mich zu. Es war Idi. Sie war lange in einer unserer Gruppen gewesen.

«Sag mal, was machst du denn hier auf dem Flur?» fragte sie mich ganz entsetzt.

«Ich suche mein Badezimmer, was hat man nur mit mir gemacht? Wohin hat man mich hier verschleppt?»

Beruhigend nahm sie mich in den Arm. «Du bist hier im Krankenhaus. Ich bringe dich zurück in dein Zimmer, und dort ist auch eine Nasszelle.»

War es Zufall, dass gerade *sie* mich hier fand? Gewiss nicht. Heute erkenne ich, wie wunderbar Gott alles, aber auch wirklich alles in seinen Händen hat und leitet, so dass gerade Idi in dieser Nacht zum Dienst eingeteilt war. Sie brachte mich zurück ins Bett. Und erschöpft von dieser großen Anstrengung und Aufregung konnte ich wieder einschlafen.

Am nächsten Tag kam Linde wieder. Sie brachte mir einige Sachen, die wir am Tag vorher bei diesem überstürzten Transport vergessen hatten. Sie betete für mich, und das brachte mir Frieden. Mein Sohn kam wieder aus Hamburg, weil auch er keine innere Ruhe fand, und Malla kam mit ihrem Mann. Sie lasen mir die Losung und die tägliche Bibellese vor. Und wir konnten sogar einige Dinge, die uns wichtig waren, besprechen. Ansonsten lag ich teilnahmslos in meinem Bett.

«Wie ist so was nur möglich?» fragte ich sie. Fünf Tage zuvor hatte ich noch dieses anstrengende Seminar gegeben, und nun lag ich derart entkräftet im Krankenhaus. Wie konnte das nur passieren?

«Tja, du hast eine Lungenembolie gehabt», sagte Malla. «Und dazu noch eine Lungenentzündung bekommen. Jetzt musst du erst mal Ruhe haben und gesund werden.» Nachdem auch sie für mich gebetet hatten, versank ich wieder in eine Art Halbschlaf.

130

Mitten in der Nacht allerdings erwachte ich wieder, wie mir schien. Wo war ich denn jetzt? Wohin hatte man mich nun wieder gebracht?, fragte ich mich entsetzt. Ich befand mich in einem großen, dunklen Raum, den nur ein schwacher, blassblauer Schimmer ein wenig erhellte. Statt der zwei Betten, die am Tage im Zimmer standen, waren dafür plötzlich fünf da. Eines stand neben meinem Bett, und drei weitere standen an der gegenüber liegenden Seite. Totenstille herrschte. Ich vermochte kaum zu atmen und mich schon gar nicht zu bewegen, denn in den anderen vier Betten lagen Gestalten, völlig unbeweglich. Wie tot sahen sie in diesem blassen Licht aus. Es war eine gespenstische Atmosphäre.

Links von dem Raum ging eine Art Tunnel ab, in dem sich unheimliche dunkle Gestalten bewegten. Wohin hatte man mich nur entführt? War ich in eine Art «Psychiatrie» gebracht worden? Kaltes Entsetzen stieg in mir hoch, und Angst, panische Angst packte mich. Ich wagte mich in dieser atemlosen Stille nicht zu bewegen. Auch an Beten war nicht zu denken. Ich war körperlich und geistig wie gelähmt. Nach einer Zeit, die mir endlos erschien, löste sich dieser Spuk endlich auf. Ich fiel erschöpft in einen tiefen Schlaf.

Als ich erwachte, war es heller Tag. Gott sei Dank, ich erkannte mein Zimmer von gestern wieder. Das war mein einziger Gedanke. Linde kam wieder. Und ich war immerhin geistig so wach, dass ich sie bitten konnte, die nächsten Termine abzusagen.

«Weißt du, in drei Wochen fahren wir ja sowieso in die Freizeit, dort sind keine Seelsorgegespräche mehr angesagt. Aber bete nur. Ich möchte doch zu gerne mitfahren.»

Doch mein Sohn, der inzwischen auch gekommen war, beruhigte mich: «Weißt du, Mutti, wenn du nicht gleich zu Beginn mitfahren kannst, fahre ich dich hinterher noch dorthin. Mach dir darum mal keine Sorgen.»

Sie wollten mich sicher beide trösten und meinten es nur gut mit mir, damit ich mir nicht noch mehr schwere Gedanken über den Ernst meiner Situation machte.

Als Linde mich fragte: «Soll ich nicht deine engsten Freunde benachrichtigen?», wehrte ich ab: «Oh, lass nur, ich möchte sie nicht beunruhigen. Es wird schon wieder gut werden.» Trotzdem erfuhren die Mitglieder unserer Gesprächs- und Gebetsgruppen natürlich, was passiert war. Diese Arbeit musste weitergehen. Und ich bat Linde, die Gruppen am Montag und Donnerstag zu übernehmen, während die Gruppe am Dienstag von deren Co-Leiterin weitergeführt wurde.

Erstaunlich war allerdings, dass ich all diese Dinge anordnen und regeln konnte. Heute weiß ich, das war nicht ich, die da redete. Es wurde durch mich geredet. Es war letzten Endes nur ein Mechanismus, denn in diesen ersten zwei Wochen meiner Krankheit war ich geistig in einer Weise weggetreten, dass die Abläufe gar nicht in mein Bewusstsein eindrangen: Ich wusste nicht, wer mich besuchte, wer mit mir sprach und worüber geredet wurde. Ich befand mich in einem völlig zwiespältigen Zustand. Und jede Erinnerung daran fehlt mir.

Ich fand zum Beispiel Wochen später in meinem Nachtschrank eine Packung Königsberger Marzi-

132

pan. «Wie kommt das denn dorthin?» fragte ich Linde. «Rosi ist doch die Einzige, die weiß, dass das mein Lieblings-Marzipan ist. War sie denn etwa hier?»

«Aber ja», war die Antwort, «du hast dich doch lange mit ihr unterhalten.»

Ich erschrak. Wieder einmal hatte ich nichts mitbekommen. So ging es vierzehn Tage lang. Schließlich zweifelte ich schon an mir selbst.

Außerdem ging es körperlich rapide bergab mit mir. Mein ganzer Körper war voll Wasser. Ich konnte kaum mehr atmen, weil die Luftröhre fast von Wasser erdrückt wurde. Ständig rang ich nach Luft und hing am Sauerstoffgerät. Auch Essen und Trinken war eine Qual. Es dauerte endlose Zeit, bis ich das geringste Bisschen heruntergewürgt hatte.

Am schlimmsten aber waren die Nächte. Kaum war ich eingeschlafen, befand ich mich schon wieder in diesem großen, dunklen, nur blassblau erleuchteten Raum mit den fünf Betten. Da herrschte immer Totenstille. Es war in einer Weise unheimlich, dass stets das kalte Entsetzen in mir hochkroch. Und voller Angst horchte ich auf irgendein Lebenszeichen der anderen vier Gestalten. Wenn sie doch nur atmen würden! Schon daran hätte ich erkennen können, dass sie lebten. Aber nein, sie lagen wie Tote da. Es war grauenhaft. Keine Bewegung war bei ihnen festzustellen.

Nur die dunklen Gestalten waren da, die vom Gang her durch den Raum huschten. Ich spürte sie manchmal an meiner Haut. Sie hielten meine Hände fest oder würgten mich. Ich versuchte zu schreien, um Hilfe zu rufen – aber ich konnte nicht. Es kam nur ein mühsames «Je..., Je..., Je...» heraus. Es war entsetzlich, und ich geriet immer wieder in

Panik. Erst als ich mühsam ein «Jesus» ausstieß – da war mit einem Schlag der Spuk vorbei.

Doch Nacht für Nacht wiederholten sich diese Angriffe, so dass ich morgens total erschöpft aufwachte und kaum mehr wahrnahm, wo ich eigentlich war. Furchtbare Angst hielt mein Herz umklammert. Ich war völlig verkrampft. Immer wieder hatte ich den Eindruck, sie hätten mich in eine Psychiatrische Klinik gebracht. Der Gedanke ließ mich nicht mehr los. Er quälte mich nicht nur nachts, sondern auch am Tage, denn in einem wachen Moment erkannte ich natürlich, in welcher geistigen Verwirrung ich mich befand. Dies alles konnte ich nicht mehr ertragen.

So nahm ich eines Tages Linde und Malla ein bisschen zur Seite und bat sie: «Bitte tut mir die Liebe, dass mich eine von euch beiden jeden Morgen um acht Uhr anruft, einfach um festzustellen, ob ich noch hier bin oder ob sie mich irgendwohin verschleppt haben. Und wenn das wirklich einmal der Fall sein sollte, bitte lasst mich nicht allein. Sucht mich! Nicht dass ich irgendwo herumliege und kein Mensch weiß, wo ich bin.»

Sie versprachen es mir.

Und Malla beruhigte mich: «Das ist heute in unserem Staat nicht möglich, dass jemand ohne Einverständnis der Angehörigen in die Psychiatrie kommt. Und dein Sohn würde das nie erlauben, denn er weiß, wie fit du geistig bist.»

Und doch war ich sehr dankbar, dass morgens um acht Uhr ein Anruf kam, um nach mir zu forschen.

Mir war natürlich klar, diese nächtlichen Angriffe waren heimtückische Attacken des Feindes. Darum war ich so dankbar, als ich hörte, dass eine unserer Gruppen eine Gebetskette gebildet hatte. Sie stellten sich nachts die Wecker, so dass jeder eine Stunde betete und mich immer wieder unter den Schutz des Blutes Jesu stellte. Zwei Wochen lang quälten mich diese furchtbaren nächtlichen Angriffe. Da, plötzlich in einer Nacht, wurde alles anders.

Ich befand mich zwar wieder in diesem Raum mit den fünf Betten, aber er war nicht mehr finster und nicht mehr nur durch dieses blassblaue Licht erhellt. Nein, er erstrahlte geradezu in einem unvorstellbar hellen goldenen Glanz. Ja, es schien alles nur pures Gold zu sein. Und der Zugang zu dem oben beschriebenen dunklen Tunnel war durch eine goldene Tür verschlossen. Hinter mir war ein mit golden-hellem Licht durchfluteter Weg, auf dem Menschen gingen. Die Gestalten in den Betten bewegten sich plötzlich, es war Leben in uns alle gekommen. Mir stand die erste Zeile von Psalm 90 vor Augen: «Herr, du bist unsere Zuflucht für und für.» Und tiefster Friede erfüllte mich. Ein nie gekanntes Glücksgefühl durchströmte mich, und ich konnte nur jubeln: «Danke, Herr, danke, Herr!» Er war spürbar da.

Ich versuchte den ganzen Psalm zu beten. Von diesem Zeitpunkt an hatte der Feind erst mal aufgegeben. Ja, unser Herr hat die Gebete erhört. Wie ich nach und nach erfuhr, wurde nicht nur in Deutschland, sondern auch in der Schweiz und überhaupt an vielen Orten, wo ich Seminare und Vorträge gehalten hatte, für mich gebetet. Ich bin unendlich dankbar dafür.

Mein gesundheitlicher Zustand änderte sich allerdings gar nicht. Die Ärzte waren ziemlich ratlos. Sie machten eine Kernspin-Untersuchung.

Und später erfuhr ich, dass sie einen Gehirntumor vermutet hatten, wegen meiner zeitweiligen Verwirrung. Aber es war kein Gehirntumor zu finden. Also mussten sie weiterforschen. Auch das Wasser wich nicht aus meinem Körper. Ich reagierte einfach nicht auf die Medikamente. Außerdem waren meine Blutwerte völlig durcheinander geraten, so dass ich schwach und schwächer wurde. Und mein Herz hatte durch diese Erkrankung einen starken Schaden erlitten, so dass die rechte Herzhälfte nur noch unbefriedigend arbeitete. Es war eben ein völliger Zusammenbruch.

Die Ärzte wussten wohl nicht mehr, was sie mit mir anfangen sollten. Es ging immer nur noch bergab. Ich aber flehte zu Gott: «Oh, Herr, erbarme dich doch. Mach ein Ende mit mir, Herr. Es ist genug. Lass mich endlich zu dir heimkommen.» Ich hatte oft Elia vor Augen, wie er in der Wüste unter dem Wacholder lag (1. Könige 19,4). Ja, in so einer hoffnungslosen Lage war ich jetzt.

Die Glaubensgeschwister allerdings versorgten mich mit rührender Fürsorge. Linde brachte mir jeden Tag ein Müsli. Und wenn ich auch Stunden brauchte, um es zu essen, so war es doch etwas, was mir wenigstens schmeckte. Malla versuchte mit unendlicher Geduld und «Astronautenkost», dass ich wieder schlucken lernte. In ganz kleinen Mengen, tröpfchenweise, ging es. Es war alles unendlich mühsam. Ja, am liebsten wäre ich heimgegangen. Ich war einfach zu müde und kraftlos.

In dieser Zeit ist mir der 90. Psalm sehr wichtig geworden. Lange konnte ich über jedes einzelne Wort nachdenken und es in meinem Herzen bewegen. Psalm 90 war mir Trost und Stärkung zugleich. Ich erkannte erneut, wie wichtig es für

uns Menschen ist, dass wir die Psalmen, Verheißungen und andere Bibelstellen, die uns besonders
lieb sind, auswendig lernen. Wie war ich dankbar,
dass mich mein Gedächtnis nicht verlassen hatte.
Ich konnte ja nichts lesen. In solchen Zeiten ist es
sehr wichtig, Gottes Wort im Herzen zu haben.

Inzwischen war unsere Gruppe ohne mich zur
Freizeit gefahren, und mir zuliebe hatte Linde
sogar darauf verzichtet mitzufahren. Sie wollte
lieber mich pflegen. Darum blieb sie hier. Ich
wagte dieses große Geschenk gar nicht anzunehmen. Aber sie ließ sich nicht davon abbringen. Was
war das für ein Opfer.

Sie und Malla, die stets mit ihrem Mann Gernot
kam, betreuten mich in besonders liebevoller Weise. Sie lasen mir die Losungen und die tägliche
Bibellese vor. Auch trainierten sie viel mit mir,
denn durch das wochenlange Liegen waren meine
Muskeln sehr schwach geworden und meine Beine
trugen mich fast nicht mehr. Links und rechts auf
ihre Arme gestützt, versuchte ich, wieder die
ersten Schritte zu gehen. Es war alles so unendlich
mühsam. Ich konnte und mochte auch nicht mehr
und war nur zu gern bereit heimzugehen, wenn
Jesus gesagt hätte: «Komm, nun ist es genug.»
Doch offensichtlich wollte er mich noch nicht
holen.

Da bot mir der Pastor unserer Gottesdienst-
gemeinde an, mit uns das Abendmahl zu feiern.
Oh, wie dankbar war ich dafür. Es wurde eine
bewegende Abendmahls-Andacht, die mein Sohn
und ich mit den engsten Freunden zusammen
erleben durften. Jesus war spürbar gegenwärtig.
Unser Pastor sprach über den Bibeltext aus Jesaja
43,1: «Fürchte dich nicht, denn ich habe dich erlöst;

ich habe dich bei deinem Namen gerufen; du bist mein!»

Das war genau der Zuspruch, den wir alle brauchten. Ja, wovor sollten wir denn noch Angst haben, wussten wir doch ganz genau, dass Jesus uns erlöst hat. Er kennt unsere Namen, und wir gehören ihm. Und zu seiner Zeit wird er uns rufen. Tiefer Friede und die stille Freude der Geborgenheit umfing uns alle. Sehr gestärkt und im Vertrauen auf unseren Herrn durften wir weitergehen. Er allein wusste, wie alles kommen würde.

Es schien tatsächlich mit mir bergauf zu gehen. Etliche Ultraschall-Untersuchungen ergaben zwar, dass die rechte Herzhälfte doch sehr geschwächt war, aber die Blutwerte normalisierten sich allmählich, und ich verspürte zunehmende Kraft in meinen Muskeln. Jetzt vermochte ich doch immerhin schon auf nur noch einen Arm gestützt auf dem Flur hin und her zu laufen.

Unsere Gruppenmitglieder besuchten mich nachmittags. Und immer wieder hörte ich bei Telefonanrufen, in wie vielen Gebetskreisen für mich gebetet wurde. Ja, ich wurde wirklich durch die Gebete getragen und bin heute noch dankbar für alle Hilfe, die mir dadurch zuteil wurde.

Endlich – nach sechs langen Wochen – wurde ich aus dem Krankenhaus entlassen und konnte wieder in meine Wohnung zurückkehren. Meine Lieblingsnichte hatte sich eine Woche Urlaub genommen. Sie kam, um mich zu pflegen und mir das Einleben zu erleichtern. Ich war ihr sehr dankbar für ihre liebevolle Zuwendung. Doch blieben meine Muskeln und Gelenke immer noch schwach, so dass mir das Gehen sehr viel Mühe machte. Als sie wieder fort war, kamen täglich

Mitglieder unserer Gruppen, die mich sehr liebevoll umsorgten und mit mir spazieren gingen.

Bis ich eines Tages beim Aufstehen aus dem Sessel das Gleichgewicht verlor und hinfiel. Mein Sohn, der mit dem Arzt verabredet war, kam gerade ins Zimmer, stürzte auf mich zu, konnte mich jedoch nicht mehr auffangen. Er war entsetzt, als er mich so liegen sah. Und nur mit unendlicher Mühe und unter Aufbietung seiner ganzen Kraft gelang es ihm, mich wieder auf den Sessel zu heben. Mein Herz jedoch schrie: «Oh bitte, Herr Jesus, lass den Arm nur nicht gebrochen sein. Lass es doch bitte nur eine Verstauchung sein, damit ich nicht schon wieder ins Krankenhaus muss. Nein, bitte, Herr, nicht schon wieder!»

Mein Arm tat jedoch irrsinnig weh. Ich konnte ihn überhaupt nicht bewegen. Als der Arzt kam, sagte er nur: «Lassen Sie uns sofort in die Praxis fahren. Der Arm muss geröntgt werden.» Dort wurde dann festgestellt, dass ich mir einen komplizierten Ellbogenbruch zugezogen hatte. Der Herr Doktor sah mich traurig an. «Es tut mir so leid, Frau Anton, aber dieser Ellbogen muss operiert werden.»

Also kam ich nach gut zwei Wochen Pause wieder ins Krankenhaus. Innerlich war ich völlig zerschlagen. Und es ging rapide bergab mit mir. Die Blutwerte gerieten wieder durcheinander und waren nicht mehr in den Griff zu bekommen. Da mochte und konnte ich auch nicht mehr: «Oh Herr, es ist genug. Sprich nur ein Wort und hole mich zu dir.»

Das war ein flehentliches Gebet, denn nun lag ich hilflos im Bett. Der Arm war vom Handteller bis zur Achselhöhle eingegipst worden, jede Bewegung und Berührung tat furchtbar weh. Zudem war ich beim kleinsten Handgriff auch noch auf die Hilfe anderer angewiesen. Was ist das oft für eine Demütigung.

Der zuständige Arzt war jedoch rührend zu mir. Mit unendlicher Geduld beantwortete er mir die Fragen, die mir auf der Seele brannten. Wie tat das gut. Da hatte jemand Zeit für mich.

Sechs Tage später sollte die Operation stattfinden. Als ich am Nachmittag zuvor auf die Intensivstation der Unfall-Chirurgie gebracht wurde, war ich entsetzt. Ich kam mir vor, als hätte man mich in einen Abstellraum oder einen kahlen Flur abgeschoben. Als endlich – nach Stunden, wie es mir schien – ein Pfleger kam, fuhr ich ihn ziemlich unwirsch an: «Sagen Sie mal, wie lange soll ich hier noch in diesem kalten Durchgang abgestellt sein? Es zieht entsetzlich am Kopf, mich friert. Wie lange soll ich hier eigentlich noch liegen?»

«Sie bleiben hier. Sie sind hier auf der Intensivstation», klärte er mich auf.

«Das kann doch nicht wahr sein», reagierte ich fassungslos. «Ich möchte den diensthabenden Arzt sprechen. Bitte, seien Sie so gut und holen Sie ihn.»

Der Pfleger verschwand, aber er ließ sich auch nicht wieder sehen. Stattdessen kamen Malla und Gernot. Endlich konnte ich meine Empörung hinauslassen und ihnen meine Eindrücke erzählen.

Aber Malla erklärte mir ruhig: «Doch, du bist hier auf der Intensivstation. Das hat alles seine Richtigkeit.»

«Oh bitte, dann sag doch dem Pfleger, wenn du ihn siehst, er möchte noch einmal herkommen, damit ich mich bei ihm entschuldigen kann.»

Sie fand ihn tatsächlich, und er kam. Ich bat ihn um Vergebung für mein unmögliches Verhalten. Er aber meinte: «Das wäre doch nicht nötig gewesen», hatte jedoch Verständnis für meine Lage und war sehr lieb und nett zu mir.

Die Operation am nächsten Tag verlief ohne Komplikationen, obgleich die Befürchtungen schon berechtigt waren, ich würde sie vielleicht wegen meines schlechten Gesundheitszustandes gar nicht überleben. Den voll eingegipsten Arm und die Schmerzen, die konnte ich ertragen. Dagegen war mir diese Intensivstation durchaus nicht geheuer. Die Wände schienen wie aus dünner Pappe zu sein, es knisterte und knatterte immerzu. Und dahinter befand sich anscheinend eine Treppe, auf der immer munter rauf und runter gepoltert wurde.

Von überall her kamen undefinierbare Geräusche, und nachts war der Feind wieder am Wirken. Ich wurde in eine große Arena geführt, und allem zum Trotz verkündigte ich dort mit lautstarker Stimme das Evangelium. Der Feind jedoch tobte. Er wollte mich absolut daran hindern. War ich in einem Trance-Zustand? Ich weiß es nicht. Auf jeden Fall verschwand beim Aussprechen des Namens «Jesus» der ganze Spuk wieder. Und diesmal gab ich nicht auf. Ich wurde lauter und habe mich nicht bremsen können, Jesu Herrlichkeit zu bezeugen.

Tagsüber lag ich natürlich erschöpft von solcher Anstrengung im Bett. Wegen des vielen Wassers in mir konnte ich kaum mehr atmen. Es war auch fast unmöglich, etwas zu essen, da meine Speiseröhre wie zugedrückt erschien. Meine Kräfte nahmen rapide ab.

Nachdem ich wieder auf die normale Station verlegt worden war, besuchten mich täglich Glaubensgeschwister. Gut zugedeckt fuhren sie mich im Rollstuhl hinaus in die wunderschöne warme Sommersonne. Es war Ende August und für mich eine große Freude, endlich einmal wieder draußen in der frischen Luft und der Krankenhaus-Atmosphäre entkommen zu sein. Dankbar nahm ich diese Hilfen in Anspruch und genoss sie sehr. Es kamen auch immer wieder Schreiben, wo überall für mich gebetet wurde. Ich war auch ganz gewiss: Jesus ist bei mir. Griff er nicht ein, weil er mich vielleicht doch heimholen wollte?, fragte ich mich manchmal erwartungsvoll, wenn ich ähnlich wie Elia flehte: «Herr, es ist genug. Mach doch ein Ende mit dieser Quälerei.»

Inzwischen bemühte sich der zuständige Arzt mit großer Intensität, die Ursache für meine Erkrankung zu finden. Die Blutwerte waren immer noch völlig durcheinander. Das Wasser wich nicht aus meinem Körper, und nun fing auch noch mein Herz an, zeitweilig auszusetzen. Er war stets sofort zur Stelle, wenn ich Hilfe brauchte. Ich bin ihm unendlich dankbar. So ein Arzt tut gut in solch schweren Situationen!

Zum ersten Mal wurden meine Lungen punktiert. Beinahe zwei Liter Wasser holte man heraus. War es da ein Wunder, dass ich kaum mehr hatte atmen können? Ein wenig Erleichterung hatte es gebracht. Doch wurde ich wegen meiner Herzausfälle wieder auf eine Intensivstation verlegt. Diesmal war es die der Inneren Medizin.

Und auch hier wurden die Nächte wieder zur Angriffszeit des Feindes. Ich schien in einem Gefängnis zu sein. Die Fenster und auch die Türen waren zugemauert. Ich war ganz allein, gefangen in einem winzigen Raum. Und doch wurde ich genau beobachtet, denn bei jeder Bewegung ertönte sofort eine scharfe, harte Stimme: «Liegen bleiben!» Ich war wie gefesselt. Wohin hatte man mich nun wieder verschleppt? Ich hatte nur noch einen Gedanken: Ich wollte nach Hause, raus aus diesem Gefängnis. Wieder kroch panische Angst in mir hoch. Die Träume und die Wirklichkeit vermischten sich in einer Weise, dass ich fast an meinem Verstand zweifelte.

Am Tage dagegen hatte ich völlig klare Gedanken und konnte mich unterhalten wie immer. Als ich in der nächsten Nacht nach furchtbaren Alpträumen erwachte, hörte ich, wie die Patientin im Nebenbett gewaschen wurde. Ich freute mich und dachte, dann ist ja diese Nacht auch bald vorbei, denn so gegen sechs Uhr oder halb sieben in der Frühe wurden die Patienten fertig gemacht, und somit würde ich als Nächste drankommen. Ich wartete jedoch lange Zeit vergeblich.

Ringsum in den Zimmern und auf dem Flur hörte ich laute Stimmen. Hie und da klapperte Geschirr. Ich aber lag immer noch allein und wartete. Warum kam nur keiner, um mich zu waschen? Schließlich klingelte ich, und eine Krankenschwester erschien. «Wann geht es denn hier weiter? Wann bekomme ich Frühstück?» fragte ich verzagt.

«Frau Anton, bitte schlafen Sie noch ein wenig. Es ist doch mitten in der Nacht, halb vier Uhr.»

Ich merkte, sie hielt mich für verrückt. Das musste ich sofort richtig stellen. «Versuchen Sie doch einmal, mich zu verstehen. Ein normaler Mensch schaut auf die Uhr und weiß, wie spät es ist. Ein Blinder jedoch muss sich an den Geräuschen orientieren. Wenn ich zum Beispiel höre, dass jemand für den Tag gewaschen wird, muss ich annehmen, es ist wahrscheinlich 6.30 Uhr oder vielleicht ein wenig später.» Und plötzlich verstand sie mich.

Ich aber erkannte, wie leicht solche kleinen Missverständnisse zu einer falschen Einschätzung der Person führen können. Ich war es so leid, immer kämpfen zu müssen, und flehte zu unserem Herrn: «Mach doch ein Ende, Herr, bitte greif ein. Ich mag und kann nicht mehr.» Denn mein Gesundheitszustand besserte sich immer noch nicht. Im Gegenteil, ich hatte mehrere Herzstillstände.

Am nächsten Tag, es war Sonntag, der 8. September, war mein Sohn schon morgens gekommen, weil er beunruhigt war. Da noch einige Behandlungen vorgenommen werden sollten, fuhr er wieder nach Hamburg und sagte: «Ich komme heute Nachmittag noch einmal zu dir.»

Man fuhr mich zum Röntgen, doch ich hatte kaum die Kraft, mich dort vor dem Schirm aufrecht zu halten. Dann wurden meine Lungen noch einmal punktiert. Die Ärzte holten wieder fast zwei Liter Wasser heraus. Insgesamt sind also 3,6 Liter Wasser aus meinen Lungen herausgezogen worden. Unvorstellbar, wie ich da überhaupt noch hatte atmen können.

Es schien mir wirklich unendlich schwer. Ich war so kraftlos, dass ich dies alles nicht mehr überstehen konnte. Alles in mir war wie ausgelöscht, und ich versank in ein tiefes Nichts. Jetzt würde dieses Leiden wohl ein Ende haben, war auch die Meinung auf der Station.

Alles, was nun geschah, kann ich nur aus dem Erzählen der Beteiligten berichten. Ich war nicht mehr ansprechbar, habe nichts mehr gehört oder empfunden von dem, was um mich herum geschah, sondern war schon so weit weg von allem – weit weg in einem Zustand des Abscheidens.

Nachdem einige Stunden vergangen waren, kam mein Sohn aus Hamburg zurück. Der Arzt trat ernst auf ihn zu und sagte: «Ihre Mutter liegt im Sterben, Sie müssen Abschied nehmen.»

Da rief er Linde an: «Mutti liegt im Sterben. Komm bitte, wenn du kannst.» Natürlich fuhr sie sofort los. Da klingelte ihr Handy erneut. Malla war am Apparat. Sie kam mit Gernot von einer Fortbildung zurück und fragte: «Wie geht es Helga?» Als Linde ihr erklärte: «Ich bin auf dem Weg ins Krankenhaus. Sie liegt im Sterben», kamen auch Gernot und Malla sofort dorthin.

Die vier standen dann betroffen und weinend an meinem Bett. Sie beteten für mich. Sie kannten ja meinen innigsten Wunsch: zu Jesu Füßen zu sitzen. Sie baten ihn, seine Engel zu schicken, damit sie mich dort hintragen möchten. Sie haben lange gebetet. Jeder, wie's ihm ums Herz war. Gernot las inzwischen aus seiner Taschenbibel aus dem Buch Hiob vor. Auch sangen sie zwischendurch meine Lieblingslieder oder beteten wieder. Lange Zeit haben sie dort an meinem offenkundigen Sterbebett verbracht und endgültig Abschied von mir genommen.

Schweren Herzens gingen sie dann, weil die Schwestern mich umbetten wollten. Draußen im Foyer des Krankenhauses haben sie noch in allen Einzelheiten meine Beerdigung besprochen, um auch meinem Sohn Hilfe und Stütze zu sein in dieser schweren Zeit. «Jetzt muss ich aber trotzdem noch etwas essen», meinte er dann, «ich habe den ganzen Tag noch nichts Rechtes zu mir genommen.» Und Linde begleitete ihn noch in ein Restaurant.

Mittlerweile war es gegen zehn Uhr abends geworden, und plötzlich schoss ich im Bett hoch. Von einer Sekunde zur anderen war ich hellwach und völlig klar im Kopf. Sofort eilte eine Ärztin herbei.

«Wo ist mein Sohn?» fragte ich sie. «Er wollte heute Nachmittag wiederkommen.»

«Der ist längst hier gewesen und jetzt wieder zurück nach Hamburg gefahren.»

«Dann rufen Sie ihn doch bitte sofort an und sagen ihm, mir gehe es gut.»

«Das kann ich nicht. Er wird doch längst wieder in Hamburg sein.»

«Bitte rufen Sie ihn an!» Und ich nannte ihr auf Anhieb – natürlich auswendig – seine zwölfstellige Handynummer. Ungläubig schaute die Ärztin auf die Papiere in ihrer Hand.

«Tatsächlich, die Nummer stimmt», sagte sie verblüfft und rief meinen Sohn an. Der hatte inzwischen mit Linde in dem Restaurant zu Abend gegessen und wollte gerade zahlen, als sein Handy klingelte.

«Was sagen Sie da?» war seine Reaktion. «Das gibt es doch nicht. Ich komme sofort. In zehn Minuten sind wir da.»

Als sie ins Zimmer traten, saß ich seelenruhig und strahlend in meinem Bett, knabberte Kekse und trank Wasser. Sie konnten es nicht fassen. Zart umfing mich mein Sohn: «Mutti, meine Mutti.» An der anderen Seite des Bettes stand Linde, und ich kuschelte mich in sie hinein. Beide umfassten mich zärtlich. Waren wir alle froh, dass wir uns wieder-hatten!

«Jesus hat mich angerührt», sagte ich. «Ich weiß es ganz genau. Er hat mich aus dem Nichts auf-erweckt, und ich spüre neue Kraft in mir und völlige geistige Klarheit in meinem Kopf.»

Wir waren überwältigt und konnten kaum fas-sen, was geschehen war. Wir konnten nur staunen und Gott loben und danken. Was ist das für ein großer Gott, was haben wir für einen wunderbaren Herrn.

Tief erschüttert waren alle von dem Wunder, das sie erlebt hatten. Und Malla sagte mir später: «Weißt du, ich als Ärztin kann wohl Sterbende von Schlafenden unterscheiden. Du lagst wirklich im Sterben.»

Am nächsten Morgen war ich sogar so kräftig, dass eine Schwester mir anbot, mich aus dem Bett zu holen. Aber nicht nur das. Sie rief einen Pfleger, und indem ich mich auf ihre Arme stützte, gingen sie mit mir den langen Flur der Intensivstation entlang. Jeder fragte sich: «Wie ist das möglich nach der Schwäche am Vortag und dem absoluten Nichts danach?» Aber so ist unser Herr. Er hat ein Machtwort gesprochen, und der Feind musste weichen.

Mittags wurde ich auf eine normale Station verlegt, und schon vier Tage danach kam ich in ein Alten- und Pflegeheim. Die Leiterin Rahel und ihre Stellvertreterin Käte waren schon seit Jahren Mitglieder in meinen Gruppen. Als ich so schwach darniederlag im Krankenhaus, hatten sie sofort gesagt: «Bevor du wieder nach Hause gehst, kommst du erst mal zu uns. Da kannst du dich erholen und wirst von uns gepflegt, bis du wieder ganz fit bist.»

Am 12. September hielt ich dort meinen Einzug, nicht ahnend, dass ich dort ein Vierteljahr bleiben würde. Meine Genesung machte gute Fortschritte, und jeder staunte wohl darüber. Endlich war ich diesen furchtbaren Druck, unter dem ich im Krankenhaus gestanden hatte, los. Hier wurde ich liebevoll umsorgt und konnte mich völlig entspannen.

Und – es geschah ein weiteres Wunder. Das viele Wasser im Körper, das meine Organe so sehr belastet hatte, floss von selbst ab. Alles normalisierte sich. Plötzlich konnte ich wieder tief durchatmen, weil die Lungen frei waren. Auch das Essen schmeckte mir, denn ich konnte wieder schlucken. Selbst für die Blutwerte hatte Jesus eine Lösung gezeigt, so dass sie jetzt endlich stabil gehalten werden konnten. Ja, ich kann unsern Herrn immer nur in tiefster Dankbarkeit anbeten.

Besonders schön war es natürlich, wenn Rahel nach Dienstschluss noch zu mir ans Bett kam. Sie las die Losungen vor, wir beteten zusammen und besprachen die tägliche Bibellese. Dann konnte ich ruhig schlafen.

Ja, Jesus war spürbar gegenwärtig in diesem Heim. An jedem Sonntag fanden in einem wunderschön ausgebauten Kirchenraum Gottesdienste statt. Jedes Mal predigten sehr gute Pastoren. Das war schon eine ganz große Freude.

Auch die ärztliche Betreuung war hervorragend. Ich verstand mich gleich gut mit dem Arzt. Und als er sich eines Tages nach einem

Besuch verabschiedete, sagte er: «Na, dann gute Besserung, Frau Anton. Toi, toi, toi.»

«Oh nein!» entwich mir ein Schrei. (Ich kann das nicht zurückhalten, wenn ich so was höre.)

«Wieso?» blieb er stehen. «Was ist dabei?»

«Sie wollen doch nicht etwa den Teufel berufen?!»

«Oh nein, das liegt mir fern. Aber das sagen doch alle.»

«Ja, leider. Sie wissen eben gar nicht, was sie tun. In Johannes 8,44 steht doch ganz klar, dass der Teufel der Vater der Lüge ist. Und das zeigt er hier mal wieder. Auch wenn dieses Toi anders geschrieben wird und viele behaupten, dass das nur ein dreimaliges Ausspucken und die Bitte um Glück bedeuten soll, so ist es doch nur seine List, mit der er uns verführen will.»

Nachdenklich verließ der Arzt das Zimmer.

Als er sich bei seinem nächsten Besuch verabschieden wollte, begann er wieder mit einem «Toi» – und unterbrach sich dann selbst. «Ach nein, das darf man ja nicht mehr sagen.» Treuherzig sah er mich an, und ich jubelte innerlich. «Danke, Herr, er hat's begriffen.»

Einige Tage später hieß es dann plötzlich, Schwester Anne sei krank. Und auf meine Rückfrage hin wurde mir erklärt: Vor einiger Zeit hatte sie nach einem Autounfall ein Schleudertrauma. Es war inzwischen ausgeheilt gewesen, doch jetzt hatte sie sich in der Nacht irgendwie falsch hingelegt, ein Wirbel war verrutscht und der Hals tat wieder irrsinnig weh. Sie war beim Arzt gewesen, und der hatte sie einige Tage krank geschrieben.

Als sie wiederkam, bot ich ihr an, für sie zu beten. Dankbar setzte sie sich zu mir, und wir baten Jesus, ihre Nackenwirbelsäule doch wieder zu richten und zu heilen. Da sie aber immer noch unter starken Schmerzen litt, geboten wir im Namen Jesu diesen Schmerzen zu weichen, wie Jesus ja auch dem Fieber von Petrus' Schwiegermutter geboten hatte.

Am nächsten Tag kam sie gleich in mein Zimmer gelaufen. «Oh, ich muss Ihnen von dem Wunder erzählen, das Jesus an mir getan hat. Ich habe keine Schmerzen mehr. Mein Nacken ist wieder heil. Meine Kinder haben mich gleich gefragt: ‹Mutti, du kannst deinen Kopf ja wieder bewegen›, und ich habe ihnen erklärt: Ja, wir haben gebetet. Jesus hat mich geheilt.»

Ist das nicht wunderbar, wie unser Herr so eingreift? Anne ist so begeistert. Sie will mehr von Jesus wissen und kommt jetzt auch in unsere Gruppen. Für einige andere Mitbewohner dieses Hauses durfte ich ebenfalls beten, und es war ein gutes Miteinander dort. Malla, Gernot, Linde und mein Sohn kamen, so oft sie Zeit hatten. Sie alle drei, mein Sohn und ich sind durch dieses Erleben an meinem Beinahe-Sterbebett noch viel enger zusammengewachsen. Jesus hat uns alle ganz tief in unseren Herzen angerührt.

Ich weiß es nicht nur, sondern glaube es: Er hat mir ein ganz neues Leben geschenkt, viel intensiver noch als bisher. Er lebt in mir (Galater 2,20), handelt durch mich und lenkt meine Gedanken. Es ist ein Leben in einer besonders innigen Verbundenheit mit ihm. Ein Leben aus ihm heraus, aus seiner Liebe und seinem Frieden heraus, erfüllt mit tiefer Dankbarkeit. In dieser Verbundenheit haben wir auch dort im Heim Bibeltexte durchgearbeitet und gebetet, viel gebetet.

Alle betreuten mich in rührender Weise. Auch von den Mitgliedern unserer Gebetsgruppen kam jeden Tag jemand, um mit mir spazieren zu gehen, damit auch meine Muskeln wieder gestärkt wurden und ich später wieder alleine in meiner Wohnung sein konnte.

Besonders dankbar war ich natürlich, dass alle Gruppenmitglieder sofort bereit waren, unsere Gemeinschaftsabende dort im Heim abzuhalten. Rahel hatte uns einen Sitzungsraum zur Verfügung gestellt, und unsere Gruppenmitglieder waren mit großer Freude gekommen, um dort die Bibel- und Gebetsarbeit weiterzuführen. Es war wunderschön, dass wir jetzt in gewohnter Weise gemeinsam unsern großen Gott loben, anbeten und ihm danken durften. Und wie schon erwähnt: Ein Vierteljahr lang war ich dort in dem Heim.

Inzwischen war ich einige Male ins Krankenhaus gefahren worden, damit die Nägel und Drähte aus meinem gebrochenen Ellbogen entfernt werden konnten. Und mein verehrter Herr Doktor staunte nur, wie gut dieser Bruch verheilt war. Ja, so ist unser großer Gott! Ich war ein lebendiges Zeugnis für ihn. Wie reich habe ich seine unverdiente Güte und unendliche Gnade erfahren. Ich kann es selbst oft nicht fassen.

Am 5. Dezember konnte ich endlich wieder in mein Haus zurückkehren. Ich bin sehr dankbar für die Zeit dort in dem Heim und für alle Liebe und Güte, mit der ich da umsorgt wurde. Inzwischen bin ich schon einige Male wieder dorthin gefahren zum Gottesdienst oder zu besonderen Feiern. Der Herr hat seinen reichen Segen dort ausgeschüttet.

Hier zu Hause läuft alles wunderbar. Mein Sohn hat die Zeit meiner Abwesenheit genutzt, um durch notwendige bauliche Veränderungen das alltägliche Leben bequemer zu gestalten, und ich genieße mein schönes Heim in tiefer Dankbarkeit. Die Glaubensgeschwister kommen wieder zu unseren gemeinsamen Treffen hierher und sehen mit großer Freude, wie der Herr an mir wirkt. Eigentlich hatte man mich ja schon «abgeschrieben», aber Jesus hat sich als der absolut Stärkere erwiesen, und er führt seinen Plan durch – gegen alle Widerstände der Welt.

Das zeigte mir unser Herr am vorletzten Tag jenes Jahres. Es war morgens während meiner Gebetszeit, als mir plötzlich eine lang zurückliegende Situation gezeigt wurde: Vor über einem Jahr, im Herbst, rief mich ein Mann aus dem Raum Hannover an. Er bat um einen Termin. Ich war damals ziemlich ausgebucht und bat, er möchte später noch einmal nachfragen.

«Nein, ich brauche einen ganz bestimmten Termin. Am 6. Januar möchte ich zu Ihnen kommen.»

«Am 6. Januar?» fragte ich überrascht. «Da bin ich überhaupt nicht hier. Ich komme erst spät nachmittags von einer Tagung zurück, also können Sie nicht kommen.»

Er jedoch beharrte auf diesem Termin und sagte: «Ich soll Ihnen eine Nachricht von Gott überbringen.»

Ich wehrte ab: «Das glaube ich nicht. Dann wird Gott es mir schon selber sagen, was er von mir erwartet.» Damit war unser Gespräch beendet. Ich hatte dieses Telefonat längst vergessen.

Doch als ich am 6. Januar von der Tagung zurückkam und erschöpft im Sessel saß, um mich auszuruhen, klingelte es an meiner Haustür. Nichts ahnend öffnete ich. Herr H. stand davor.

Ich war ärgerlich. Ich hatte ihm doch gesagt, dass ich von einer Tagung zurückkomme und an diesem Tag nicht noch Seelsorge machen könne. Er drängte jedoch in den Flur. Da ließ ich ihn draußen stehen und sagte: «Ich werde erst Hilfe holen, vorher lasse ich Sie nicht herein.» (So unhöflich bin ich in meinem ganzen Leben noch nicht gewesen.) Aber ich wusste, hier durfte ich nicht nachgeben. Mit dem Mann stimmte etwas nicht.

Ich rief Linde an und sagte: «Du, stell dir vor, der Herr H. ist hier. Komm bitte, ich brauche Hilfe.»

«Ich fahre sofort los, und Jens sagt gerade, er komme auch mit. Er lässt uns nicht allein in dieser Situation.»

Als sie kamen, gingen wir alle ins Zimmer. Herr H. saß verlegen auf einem Sessel und druckste so herum. «Ja, ich will mir endlich das Rauchen abgewöhnen.» Und noch einige weitere Nebensächlichkeiten brachte er vor.

Ungeduldig fuhr ich ihm dazwischen. «Sie sind gewiss nicht gekommen, um mir das zu erzählen. Rücken Sie endlich heraus mit der Sprache. Was ist los? Lassen Sie die Katze aus dem Sack.»

Daraufhin wand er sich wie eine Schlange. «Ich mag es ja gar nicht sagen, und es tut mir so leid, aber Gott hat mir gesagt, ich soll hierher fahren und Ihnen die Nachricht bringen: Sie werden bald sterben.»

Stille war im Raum. Dann reagierte ich: «Wissen Sie, erstens glaube ich nicht, dass diese Botschaft von Gott kommt. Dann nämlich hätte er es genauso gut mir selbst sagen können. Und jede Prophetie muss sich an der Bibel nachprüfen lassen. Das ist hier aber nicht der Fall. Im Gegenteil, ich glaube, dieses ist vom Feind, und da haben Sie sich als Werkzeug benutzen lassen. Zweitens: Wenn unser Herr heute Abend zu mir sagen würde: ‹Komm, mein Kind, nun ist es genug. Du darfst zu mir heimkommen›, dann sage ich mit großer Freude: ‹Ja, Herr, mein Leben ist in deiner Hand. Ich habe keine Angst vor dem Sterben.›»

«Das habe ich mir fast gedacht», sagte Herr H.

«Um mir das mitzuteilen, hätten Sie sich die lange Reise von Hannover hierher sparen können. Das hätten Sie mir auch telefonisch mitteilen können.»

Damit waren unser Gespräch und dieser Besuch beendet. Herr H. ging, wir anderen drei allerdings beteten. Wir brauchten die Befreiung durch Jesus, weil etwas sehr Unheimliches von Herrn H. ausgegangen war. So ließen wir los, was wir erlebt hatten, und legten es bei unserm Herrn ab.

Als mir dies alles am Ende des Jahres vor Augen gestellt wurde, fragte ich mich natürlich auch, warum Herr H. ausgerechnet auf dem 6. Januar beharrt hatte, und mir wurde sehr klar: Im sechsten Monat danach, am 14. Juni, war dieser völlige Zusammenbruch gekommen. Ja, der Teufel ist der Vater der Lüge. Er hat sicher ein besonders großes Interesse daran, mich außer Gefecht zu setzen, mich zum Schweigen zu bringen. Durch meine Bücher und die seelsorgerlichen Gespräche und Gebete sind ja, wie ich immer wieder hören darf, sehr viele Menschen zum Glauben an Jesus Christus gekommen. Sie sind dem Feind von der Schippe gesprungen und haben stattdessen erkannt: Sie brauchen Jesus und haben ihn als ihren Herrn angenommen.

Ist es da ein Wunder, dass der Feind wütend ist? Dazu kamen die vielen Seminare und Vorträge, nicht nur in Deutschland, sondern auch in der Schweiz. Denn immer wieder vernehme ich, was für ein großer Segen in den Gemeinden entstanden ist, dass die Menschen die Kraft des Gebets erkannt und sich überall in Gebetsgruppen zusammengefunden haben. Es ist klar, da tobt der Feind, das sucht er zu verhindern. So könnte vielleicht diese ganze Krankheitszeit ein Angriff auf mein Leben gewesen sein, den der Feind schon lange vorher geplant hatte. Herr H. hatte ja immerhin schon viele Monate, bevor dieser Zusammenbruch kam, den Auftrag vom Feind bekommen, mir mitzuteilen, dass ich bald sterben würde.

Daran erkennen wir wieder einmal neu, wie heimtückisch der Feind seine Pläne vorbereitet und durchzusetzen versucht. Die Ärzte waren ja des Öfteren ratlos, weil ich auf keine Behandlung so reagierte, wie es normalerweise hätte geschehen müssen. Nein, es schlug ja nichts bei mir an. Es ging nur noch bergab mit mir. Am Ende kamen noch etliche Herzstillstände und sonstige Ausfall-Erscheinungen hinzu. Und ich hatte die nächtlichen Attacken des Feindes ertragen müssen.

Es passte wirklich alles ins Bild. Bis dann der Feind zu seinem letzten Schlag ausholen wollte und ich schon im Sterben lag. Da hat Jesus eingegriffen. Bis dahin und nicht weiter durfte der Feind gehen. Genau dann hatte Jesus sein Machtwort gesprochen und den Feind selbst vernichtend geschlagen. Ich spürte es ja. Von einer Minute zur anderen vollzog sich diese gewaltige Veränderung. Eben war ich noch ohne Bewusstsein im Nichts, dann war ich geistig voll da. Neue Kraft in mir, neues Leben, wache Sinne! Ja, es erfüllte sich an mir neu, was ich seit langem mit großer

Gewissheit glaube: «Ich lebe, doch nun nicht ich, sondern Christus lebt in mir» (Galater 2,20).

Menschlich ist so etwas nicht zu fassen. Aber unser Herr ist eben viel, viel größer, als wir es erahnen können. Gewiss, er hat diese Zeit des Leidens zugelassen. Es waren schwere Monate, und es war eine echte Prüfung für mich. Aber rückblickend bin ich heute unendlich dankbar dafür, weil ich immer tiefer in ihn hineingewachsen bin. Ja, er lebt in mir und tut auch heute noch Wunder über Wunder. Mir stand inzwischen manchmal Jairus' Töchterlein aus Lukas 8 vor Augen. Auch da weinte man an ihrem Bett und meinte, sie sei tot. Aber Jesus sagte auch da: «Sie ist nicht gestorben, sondern sie schläft.» Er nahm ihre Hand, und seine Kraft erweckte sie neu zum Leben. Ja, ihn in seiner ganzen Vollmacht so ganz persönlich zu erleben, das ist schon eine besondere Gnade, und mein ganzes Leben soll nur ein Dank für ihn sein. Allein in ihm sind wir geborgen, im Leben und auch im Sterben.

Möge dieses Büchlein Ihnen allen eine Hilfe sein, nicht zu verzweifeln. Jesus kennt jede Lebenssituation, und er ist bei uns. Er hat es uns zugesagt, und sein Wort ist die Wahrheit. Vertrauen Sie allein auf ihn. «Denn ich bin gewiss, dass weder Tod noch Leben, weder Engel noch Mächte noch Gewalten, weder Gegenwärtiges noch Zukünftiges, weder Hohes noch Tiefes noch eine andere Kreatur uns scheiden kann von der Liebe Gottes, die in Christus Jesus ist, unserm Herrn» (Römer 8,38 und 39).

Von derselben Autorin weiterhin lieferbar:

Helga Anton
Beten wirkt Wunder
Taschenbuch, 144 Seiten
Best.-Nr. 113.623

Helga Anton, «hauptberufliche Beterin», erzählt in ihrem ersten Buch (das zum Bestseller wurde), wie sie in ihrer Kirchengemeinde in Itzehoe zu dieser außergewöhnlichen Berufung gekommen ist und was sie seither im Gebetsdienst erlebt hat. Mit großer Ehrlichkeit berichtet sie von Siegen und Niederlagen, von menschlichen Schicksalen, aber auch von Freudentagen, an denen Gebete Wunder wirken.

Helga Anton ermutigt Christen zum Beten, glauben diese doch an einen Gott, der Gebet erhört – nicht immer unseren Wünschen entsprechend, aber immer gut und heilsam.

Brunnen Verlag · Basel und Gießen

Von derselben Autorin weiterhin lieferbar:

Helga Anton
Beten ist Freude
Taschenbuch, 160 Seiten
Best.-Nr. 113.686

Für viele Christen ist das tägliche und insbesondere das gemeinsame Gebet mehr Last als Lust. Dass das nicht so bleiben muss, zeigt Helga Anton überzeugend. Sie beschreibt ganz grundsätzlich, was Gebet ist, wozu es dient und was es hindern kann. Sie motiviert zur Fürbitte und geht auch auf Themen wie geistliche Waffenrüstung, Gebet für die Gemeinde und Gebet für Kranke ein. Das alles untermauert sie mit Beispielen aus ihrer Praxis als hauptberufliche Beterin. Ein wunderbares «Gebetsseminar», das uns zeigt: Beten kann und soll zur Freude werden! Denn Gott meint es gut mit uns.

Brunnen Verlag · Basel und Gießen